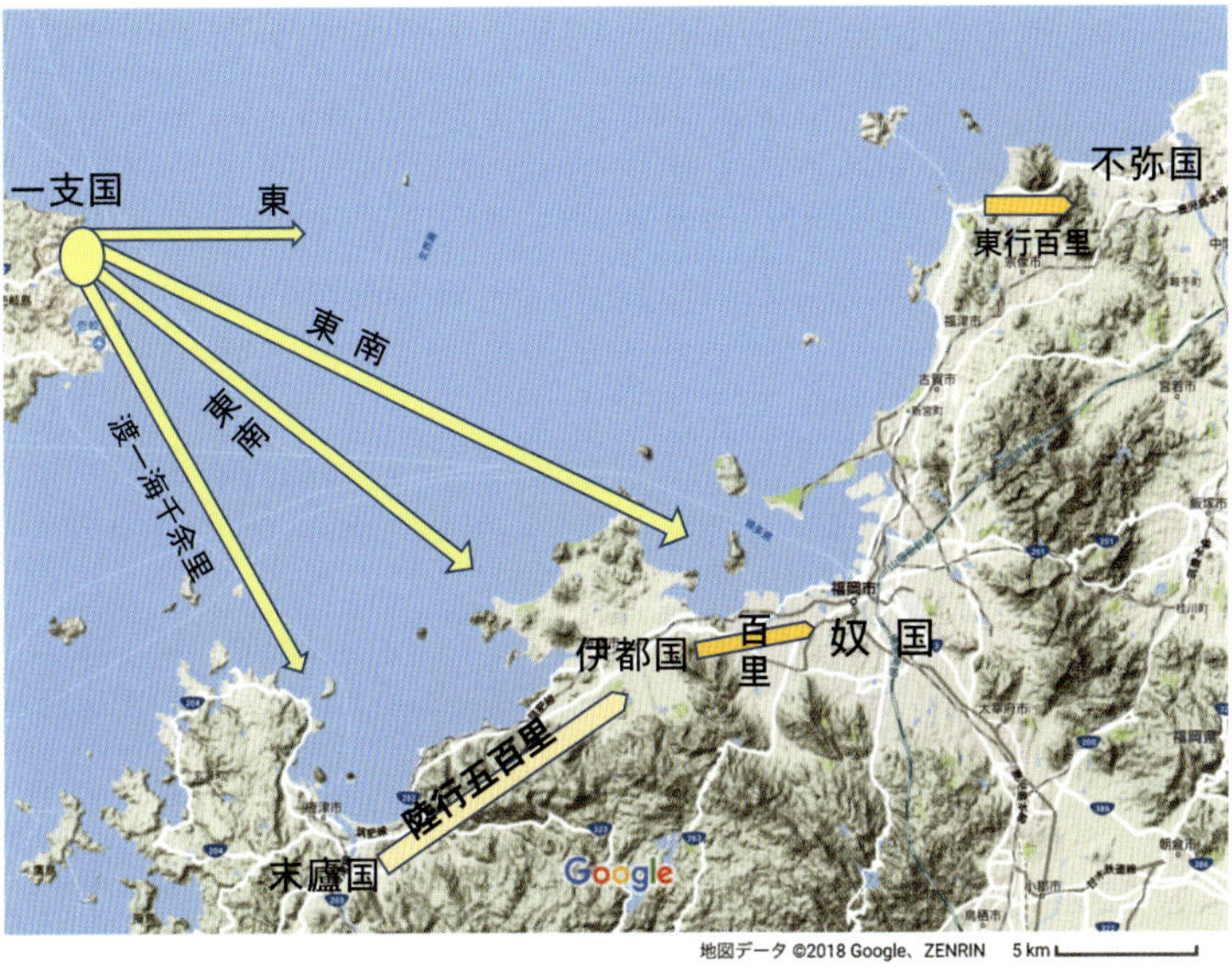

一支国（壱岐島）を基点とした玄界灘沿岸諸国の展望図

自帯方郡至女王国水行十日陸行一日の解釈図

背振山地南丘陵（山臺）の吉野ヶ里遺跡の航空写真

背振山地南丘陵（山臺）の吉野ヶ里遺跡の環濠北内郭に復元された祭殿などの建物群（本文では卑弥呼の都に見たてた）

吉野ヶ里遺跡の環濠北内郭に復元された祭殿（本文では卑弥呼の宮殿に見たてた）

伊都国歴史博物館内に復元された一号墓主体部の割竹形木棺を埋葬した墓壙（本文では卑弥呼の墓に見たてた）

伊都国歴史博物館の庭に再現された方形墓（本文では卑弥呼の冢に見たてた）

理系学者が読み解く『魏志』倭人伝

女王卑弥呼が都した邪馬台国に到る

目次

緒言

大学の停年退職を機に、私が日本の古代史を研究することにしたのは、「日本とは、日本人とは？」を知りたかったからだ。それでまず古代日本を記す『三国志』魏書東夷伝倭人条（以下『魏志』倭人伝）を研究して、「女王卑弥呼が都する所の邪馬台国」を探求した。

「女王卑弥呼が都する所の邪馬台国」を、『魏志』倭人伝に基づいて探索しようと、これまで数多くの高名な学者、研究者およびアマチュアが挑戦してきた。ある古代史研究者が、「邪馬台国は日本のどこにでも比定できる」と妄言に近い言葉で指摘したように、邪馬台国比定地は多くの人の手でこねくりまわされ、ついには、すっかり人々の手垢まみれになってしまっていた。

例えば、魏里は短里であるとか（邪馬台国在九州説）、南を東に読み替えるとか（邪馬台国在畿内説）、邪馬台国までの国々の道里を順次足していくとか（在畿内説）、伊都国から放射状に読むとか（在九州説）、国々の方位を四五度反時計回りに修正するとか（在九州説）、さらには郷土愛に満ちた「我が郷土が邪馬台国」

など、いろいろな主張がある。

あるいは地名は時代が経ても風化しないと主張して、『古事記』・『日本書紀』および上代の史書に記された地名、また近現代の地名を語呂合わせ的に付会して、邪馬台国を求める試みもあった。例えば邪馬台は「やまと」と読むとして、福岡県の旧「山門〈やまと〉郡」を邪馬台国の比定地とするがごとくである。当然のことであるが、ここには、邪馬台国にふさわしい遺跡がないとして否定された（中山平次郎説）。邪馬台国だけではなく、「投馬国」の「投」は「殺」の誤字として、「殺馬国」〈さつまのくに〉つまり薩摩国とする（井上悦文説）。はたして、卑弥呼の時代に薩摩国があったであろうか。

また、『魏志』倭人伝の記述は情報不足であり、それゆえ邪馬台国の位置は定まらないとする主張がある一方、女王国（邪馬台国）と密接な関係があり、女王国所在地に関するキーワードの一つともいえる「侏儒国」や「黒歯国」などについては全く論考が無い（「侏儒国」、「黒歯国」はほんとうにあったのか　邪馬台国大研究　井上筑前　Web）。この二国の実在の証明のように、医学・生理学・化学など自然科学の知識が必要な事項について全く論考がないのは、自然科学の知識が無い文系の学者・研究者の弱点であるといえるでしょう。

私は、約四〇年間、理系の学者として「魚の病気」一筋に研究し、多数の論文を国際学術誌に掲載してきました。私が、研究の過程で参照したものは何か？文系学者ならば必ず用いる先学の論文ではありません。私の研究では、病気の魚の内臓から作った「病理組織標本」なのです。論文作成中に論考に迷ったときは、何枚もの「病理組織標本」を、何時間でもかけて自分が納得できるまで顕微鏡観察するのです。まさにオリジナルを参照するのです。つまり、病気の魚に教えてもらうのです。また、作成する論文は、個々の病変の羅列ではダメで、病気の「合理的なストーリー」が必要なのです。それゆえに、「発病から死に至るまでの破綻のない過程」を論考し、オリジナル論文を仕上げるのです。これが、理系学者が行う研究なのです。

長年にわたる研究活動の過程で、魚類学などの動物学、植物学、医学・生理学、栄養学、化学、くわえて趣味の関係で地学・鉱物学、地理学、冶金学などの知識を豊富にしてきました。また、高校では当然のこととして日本史、世界史、漢文・古文を修学しましたので、史書にある漢文の読解に役立ちました。

本稿では、理系学者が、自然科学の知識を駆使して、『魏志』倭人伝だけではなく、華夏（中国大陸）に興亡した歴代の王朝の史書、および『古事記』・『日本書紀』などの原典を読み込んで論考し、文献史学を以て「女王卑弥呼の都」を探索しました。その結果わかったことは、『魏志』倭人伝は、倭国の末盧国、伊都国、奴国、不弥国そして女王国（邪馬台国）の位置を正しく記述していたことです。

私が到った卑弥呼の女王国（邪馬台国）を、本書で明らかにします。

なお、本書において、『魏志』倭人伝など史書から、原文を多く引用しています。私独自の考えを述べるときの論拠とし、実証のために、引用したのです。論拠のない歴史はファンタジーでしかありませんので。そのため文章がむつかしくなったかもしれません。そこで、引用文には、原典に則して当用漢字で訓みくだし文を付記しました。ただし、本文で意訳を記した記事に関しては、訓みくだし文がないこともあります。また、文章中の難読の漢字には山括弧をつけ「ひらかな」で訓〈よみ〉を著し、簡単な意味づけを行いました。

参照した『古事記』・『日本書紀』にある人物名は、文系の学者は人名をカタカナで著しますが、なにか外国人の名前を表すようで私は嫌いであり、カタカナ表記を避けました。したがって、本書では、それぞれの原典にある人名・神名表記を用い、それぞれの訓みは山括弧内に「ひらかな」で付記しました。その方が、どれを原典として引用したのかがわかりやすいからです。この表記方法もオリジナルを重視する理系学者のやり方です。

なお、歴史書独特の難解な語句も少なからずあります。今や、スマートフォンやパソコンを使ったネット検索が容易になっていますので、どうしてもわからない語句がありましたら、その意味は、御自身でお調べ下さいますように。

また、前述したように、私独自の考えを述べるときの論拠として、『魏志』倭人伝のみならず、華夏歴代王朝の史書、日本の『古事記』・『日本書紀』などの原文の引用は丁寧に行ってあります。したがって、主題の『魏志』倭人伝にかんして、一見して頭が痛くなるような繁体字で記された原文全文の掲載は見送りました。原文は、ネットで簡単に検出できますので、御自身でお調べ下さいますように。

巻一　女王卑弥呼の都する邪馬台国に到る

はじめに

『三国志』魏書東夷伝倭人条（以下『魏志』倭人伝）に記された「女王卑弥呼が都する所の邪馬台国」を、『魏志』倭人伝に基づいて探索しようとする先学達は、二四〇年の魏の返礼遣使団がたどったかもしれない帯方郡から出発して倭の国々を巡り、「女王国＝邪馬臺（壹）國」に到ろうとして涙ぐましい努力をしてきた。しかしながら、今に至るまで、**先学の努力が報われたとは、私は思わない。**

なぜか？　これまでの先学の論考は、返礼遣使団の魏人の目線を全くと言って良いほど考慮してこなかったようにみえるからである。『魏志』倭人伝は、倭国を訪問した魏使が記録して魏および晋（西晋）の王朝に復命した文書に基づいて、陳寿が編纂したのである。つまり、魏使目線でもって『魏志』倭人伝を解読しないことには、「女王卑弥呼が都する邪馬台国」の真実は見えてこないといえよう。

第一章　魏の返礼遣使団の来訪

倭国〈ゐこく〉大乱の後に、倭女王に共立された卑弥呼〈ひみこ〉は、建安中（一九六〜二二〇年）に、大陸の遼東地域に半独立国家を経営する公孫氏が半島の屯有県以南の荒れ地に建てた帯方郡に帰属し、長年にわたり交流を持って、文化・文明、政治・行政・租税制度の移植に努めた（「建安中　公孫康分屯有縣以南荒地為帯方郡　遣公孫模　張敞等收集遺民　興兵伐韓濊　舊民稍出　是後倭韓遂屬帯方」『三国志』魏書馬韓伝）。その後、二三八年（景初二年）に呉と両面外交をしていた公孫氏が魏に滅ぼされると直ぐさま（二三九年、景初三年）、女王卑弥呼は魏王朝に、男女の生口十名を連れ、わずかばかりの方物（貢ぎ物）を携えた朝貢団を送った。女王卑弥呼は、大陸の動静をしっかりと注視していたのだ。この明帝への朝貢の時、女王卑弥呼は魏の冊封に入ることを選択した。冊封に入ることは、倭国を魏の属領として献上してしまったことを意味する。戦わずして帰順し、魏の属国になった倭女王への返礼として、二四〇年（正始元年）、少帝は女王卑弥呼を「親魏倭王」に叙し、「親魏倭王」の金印、詔書、美麗な絹織物・

毛織物、化粧品、太刀、金および銅鏡百枚などを下賜した。「親魏倭王」の金印のほか膨大な下賜品をたずさえた魏の返礼遣使団が、帯方郡から倭国に派遣された。通説では、時は、二四〇年の夏ごろとされる。
『魏志』倭人伝は帯方郡から狗邪韓國を経ていたる倭国の国々を次のように記す。

「從郡至倭　循海岸水行歷韓國　乍南乍東到其北岸狗邪韓國七千餘里　始度一海千餘里至**對馬國**　其大官曰卑狗副曰卑奴母離　所居絶島方可四百餘里　土地山險多深林　道路如禽鹿徑　有千餘戸　無良田食海物自活乖船南北市糴　又南渡一海千餘里名曰瀚海至一**大國**　官亦曰卑狗副曰卑奴母離　方可三百里多竹木叢林有三千許家　差有田地耕田猶不足食亦南北市糴　又渡一海千餘里至**末盧國**　有四千餘戸　濱山海居草木茂盛行不見前人　好捕魚鰒水無深淺皆沈沒取之　**東南**陸行五百里到**伊都國**　官曰爾支副曰泄謨觚柄渠觚　有千餘戸　丗有王皆統屬女王國郡使往來常所駐　**東南**至**奴國**百里　官曰兕馬觚副曰卑奴母離　有二萬餘戸　**東行**至**不彌國**百里　官曰多模副曰卑奴母離　有千餘家　南至**投馬國**水行二十日　官曰彌彌副曰彌彌那利　可五萬餘戸　南至**邪馬壹國**女王之所都水行十日陸行一月　官

有伊支馬次曰彌馬升次曰彌馬獲支次曰奴佳鞮　可七萬餘戸　自女王國以北其戸數道里可得略載　其餘旁國遠絶不可得」（文の区切りは著者　以後同じ）

遣使団を載せた魏船は、帯方郡から三韓半島の沿岸に沿って南航して韓国（馬韓）を歴〈へ〉た後、東航して狗邪韓国に到り、そこからまた南航して対馬国と一支国を経由して、九州島北部に渡った。その後順次訪ねたとされる、末盧国、伊都国、奴国そして不弥国が北部九州にあったことは、大方の共通認識になっている様にみえる。しかし、私は、通説の比定地の方位に違和感を覚えていた。つまり、一支国（壱岐島）から至る末盧国を松浦郡付近（現在の唐津市）に比定し、次に到る伊都国を糸島市付近に比定するのであれば、糸島市は唐津市から「北東」にあたる。「東南」ではない。同様に奴国を福岡市付近と比定すれば、糸島市からはほぼ東にあたる。「東南」ではない。不弥国比定の宇美町は福岡市から南東にある。ここも「東」ではない。以上の様に、通説の比定地は全て『魏志』倭人伝が記す方位とは異なっているのである。

それでは、魏の遣使団が九州島に来た時、魏使はどのように、国々を認識したのであろうか？　通説では魏使は末盧国に上陸後、実際に各国を順次訪れ、方角と道里を計測して記録したとしている。しかし、これには無理がある。例えば末盧国に上陸して、隣国の伊都国が見えたであろうか？「草木茂盛行不見前人」（草木が繁茂し、前を行く人を見ず）とあり、遠望は無理である。当然道里や方位など計測出来る訳がない。しかも、方位も道里も基点が定まらなければ計測できないのは自明である。では、魏使はどのようにして、九州島北部の国々を記録したのであろうか？

時は魏蜀呉鼎立時代である。観点は魏使目線と理解すべきなのだ。遣使団の建中校尉梯儁〈ていしゅん〉等は、倭女王卑弥呼が呉と同盟することも想定していたはずである。女王が呉と同盟して敵対すれば、景初二年（二三八年）に呉と両面外交をしていた公孫氏を攻め滅ぼしたように、魏は帯方郡から、あるいは徐州の港から軍船団を仕立てて女王国に攻め込むことになる。当然のことながら、魏使は、景初三年の女王卑弥呼の朝貢団員から聴取して女王国が九州島北部にあるという予備知識は持っていたとしたい。戦略に長けた魏の武官が、予備知識を持つことなしに外国を訪れることはあり得ないからである。倭国に攻め込むとき、軍船団の駐留地が必要になる。一大国（一支国の誤植、壱岐島）が船団の駐留拠点に適している。対馬国（対馬島）では遠すぎる。九州島北部沿岸域の国々を殲滅して上陸のための橋頭堡とする。そこから内陸に侵攻して女王の都を陥せば、傍国も含め倭地の国々を屈服させることができる。そのため壱岐島から展望する国々の地理の把握が戦略的に重要な意味を持つ。

魏使は九州島北部玄界灘沿岸にある国々を、北側から、つまり一支国およびその近海を巡航する船上から展望したのである。

一支国における倭の官と魏使との会話を、『魏志』倭人伝にある国名を用いて現代語で再現すれば次のようになるのではないだろうか。

魏使「海の向こうの邑はなにか？」
倭の官「末盧国でございます。」
魏使の記録「海を渡ること千余里で末盧国」（「**又渡一海千餘里至末盧國**　有四千餘戸濱山海居」）。
魏使「その隣の邑はなにか？」
倭の官「伊都国でございます。」
魏使の記録「伊都国は（一支国から見て）南東にあり、末盧国からの道里はやや遠いので陸行で五百里」（「**東南　陸行五百里到伊都國**　官曰爾支・・有千餘戸・・・郡使往來常所駐」）。
魏使「その隣の邑はなにか？」
倭の官「奴国でございます。」
魏使の記録「奴国は（一支国から見て）南東にあり、伊都国からは近いので百里で至る」（「**東南　至奴國百里**・・有二萬餘戸」）。
魏使「対馬島から一支国にくるまでに、奴国の東遠く見えた邑があったが、その邑はなにか？」
倭の官「不弥国でございます。」
魏使の記録「奴国の東に行くと不弥国あり、近いので道里は百里」（「**東行至不彌國百里**・・有千餘家」）。
魏使「それでは、投馬国と女王の都はどこに見えるのか？」
倭の官「投馬国は知りません。女王様の都ここからは見えません。」
このように、魏使は方位と二国間の目視（概算）距離を一支国を基点にして記録したとしたい。つまり一支国を三角形の頂点として二辺を方位にして、底辺を二国間の距離（道里）としたのである。このように理解すれば、末盧国、伊都国、

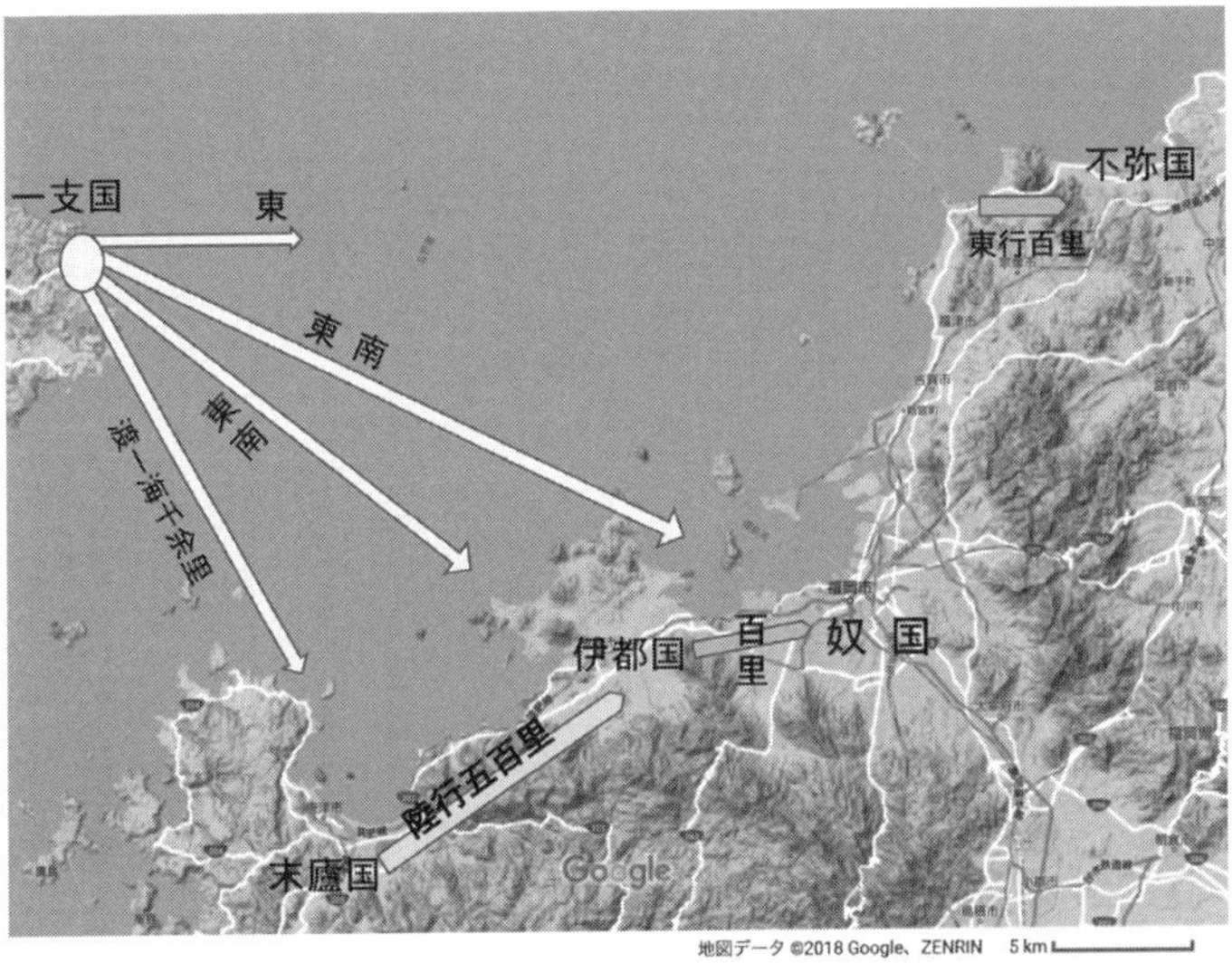

図 1-1　一支国を基点とする玄界灘沿岸諸国の展望図

奴国は、現在、我々がみる九州地図における比定地と正合する（図1－1）。

一支国から末盧国へ「又渡一海千餘里」としたのは、対馬国に続いて一支国も島国である事を示した。末盧国から伊都国へ「陸行五百里」としたのは両国が陸地にあり、距離が離れていることを示している。伊都国と奴国は陸上の近隣にあり「百里」と概略で記したのである。私は現在の宗像市までを奴国領域とみるので不弥国は遠賀川流域としたい（奴国から東に行くと不弥国に至る「東行至不彌國百里」）。それ故、私は、内陸の宇美町は不弥国比定地とはしない。二国間の方位と距離は、魏使が末盧国に上陸して、伊都国、奴国そして不弥国を順次踏破して得た実測値ではないのだ。そのため、途中の山や川の記述は当然無い。したがって、**『魏志』倭人伝の道里を現在の地図にあてはめて考察することは全く無意味なのである。**

具体的に見て見よう。末盧国の情景「有四千餘戸濱山海居　草木茂盛行不見前人　好捕魚鰒水無深淺皆沈没取之」も、魏使は船上から見たのである。鰒〈あわび〉は、潜水（沈没）が必要な沖合の岩場が漁場になる。当然、船上から見ることになる。決して辱めるのではないことをことわっておくが、私の現役時代の海外での体験では、東南アジアの田舎に住む人々の視力は非常に優れている（視力3以上か？）。上古の人々も同様であったであろうことは想像に難くない。「草木茂盛行不見前人」の情景も、上陸して見たのではなく、沖合の船上から遠望したのである。

末盧国や奴国などの国々の国勢は、船上から展望して得た村落・集落の規模に基づいて概算したのだ（「其戸數道里可得略載」）。勿論、戦争時、動員されるであろう軍衆の員数を予測するためである。

もう一度言うが、時は魏蜀呉鼎立時代である。魏に滅ぼされる前のこと、公孫淵は魏と通じつつも、密かに呉とも通じるなどして二三三年には孫権から燕王に任じられている。しかし、後に呉の使者として来訪した張彌、許晏、賀達らを殺害し、その首を魏に差し出して寝返った（『三国志』呉書呉主伝）。魏の武官や官吏がこれを知らないはずがない。もし、倭女王が密かに呉と同盟を結んでいれば、魏使も当然同じ目にあうことは認識していたであろう。いつ襲われるかもわからない危険をおかしてまで、誰が、初めての地にやすやすと上陸するものか。魏使は末盧国の津で下船はしていないとすべきである。魏の遣使団は、「郡使往來常所駐」（帯方郡使が往来するとき常に泊まる所）であり、「王遣使詣京都帯方郡諸韓國　及郡使倭國皆臨津」（洛陽の京都、帯方郡、韓諸国を訪問するための女王の遣使、及び倭国への帯方郡使が皆臨む津）がある伊都国の津に到着して上陸したのだ。そのため、伊都国の記述は、「**到伊都國**」として、「到」を使っている。他の国には「至」を使い、行先を示しただけである。

九州島北部玄界灘沿岸の国々の地理は、壱岐島から南向きに展望した戦略図なのだ。ではなぜ北側からか？　華夏には、「方向を北から南を見る」習慣があった。古来「天子は南面す」という思想があり、周時代には指南車（図1－2左）が発明され、その後、前三世紀には中華レンゲの形をした司南針（指南針、図1－2右）という方位磁石も発明された。三世紀頃後漢で「指南魚」が発明された（「海の不思議箱」日本船舶海洋工学会 Web）。「指南魚」は一種の羅針盤である。磁石（磁化した磁鉄鉱片）を魚形の木片に組み込み、水に浮かせて南を知るもので、魚の頭が南を、尾鰭が北を指し示す。それが指南魚である。これらの道具は「指南」の語源でもある。このように、華夏人は南に向いて方位を表すので、『魏志』倭人伝冒頭の「倭人在帯方東南大海之中」も、地理的に帯方郡から南に向かって、倭人が居住する九州島および本州島をあらわしているとみることができる。

華夏人の魏使は当然のこととして北から倭地の

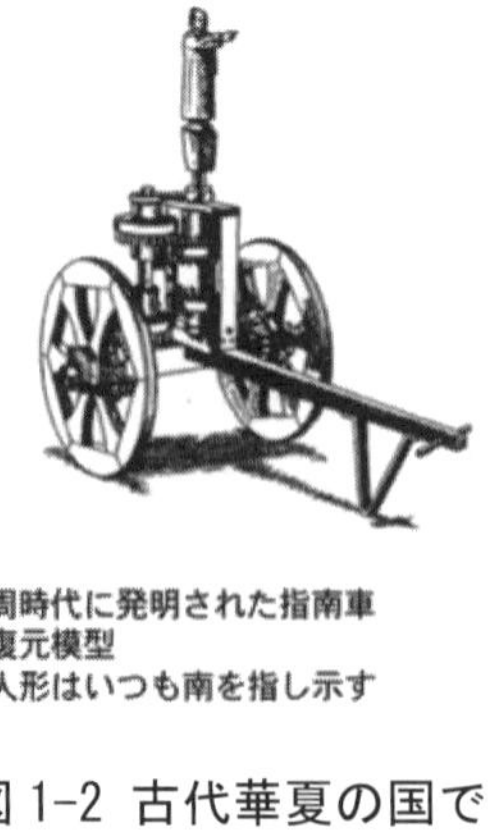

周時代に発明された指南車
復元模型
人形はいつも南を指し示す

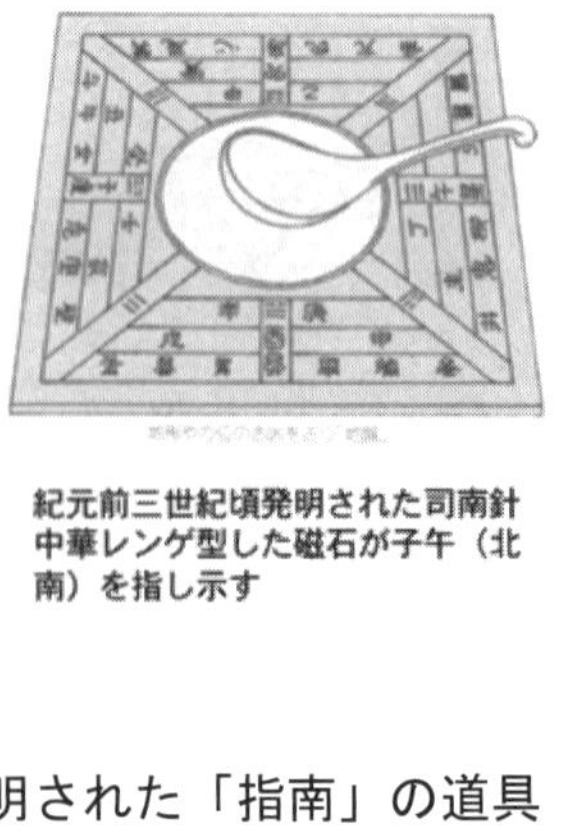

紀元前三世紀頃発明された司南針
中華レンゲ型した磁石が子午（北南）を指し示す

図 1-2 古代華夏の国で発明された「指南」の道具

国々を見たのである。その基点が壱岐島（一支国）であったのだ。そして、倭国侵攻の際の重要拠点となる壱岐島の地理・地勢はしっかり視察して記録していた（「方可三百里　多竹木叢林　有三千許家　差有田地耕田」）。『魏志』倭人伝は、倭国観光案内ではない、戦略図であるのだ。

先学は、末盧国の「草木茂盛行不見前人」の情景をもって魏使の訪問は夏頃と推察した。そして、方位の基点となる日の出の東は、反時計回りに四五度ほどずれて認識されていたと主張し、方位を修正して、邪馬台国を探索する。しかし、**方位修正は原文への冒瀆である。**古代から華夏の国々は中原で戦争を繰り返してきた。季節によって方位がずれるようでは、何百・何千人もの軍隊を、中原で指揮できるわけがないではないか。それ故に、華夏では方位を知るための道具の発明に執着した（宋時代の方位磁針の発明は、明時代の宦官鄭和の大航海を可能にし、ヨーロッパに伝わって大航海時代を招来させた）。蜀と呉との戦闘状態にある魏の武官が方位を誤ることはありえない。魏使は当時既に発明されていた指南魚を携帯してきていた可能性は否定できない。

私が指摘したように、魏使目線で九州島北部玄界灘沿岸の国々をみれば『魏志』

倭人伝が記す、**国々の方位は全く修正する必要は無い**のである（図1－1）。

＊　卑弥呼の魏王朝への朝貢を、『魏志』倭人伝は、「**景初二年**六月倭女王遣大夫**難升米**等詣郡求詣天子朝獻太守劉夏遣吏將送詣京都」と記し、「景初二年（二三八年）六月に卑弥呼が魏王朝に難升米らを朝献させた」とする。ところが、『日本書紀』の神功皇后紀には『魏志』倭人伝の記事の抜粋が記されており、神功皇后紀三十九年条は「魏志云　明帝**景初三年**六月倭女王遣大夫**難斗米**等詣郡・・云々」と記す。ここで、『日本書紀』が参照した『魏志』倭人伝の版本（あるいは写本）は、我々が見る紹興本や紹熙本とは異なることがわかる。『日本書紀』が参照した刊本をもとに考えるならば、十二世紀に刊行された紹興本や紹熙本が表す「景初二年」は「景初三年」、「難升米」は「難斗米」の誤字・誤植であると判断できる。

また、神功皇后紀四十年条は、「正始元年太守弓遵遣建中校尉梯儁等奉詔書印綬詣倭國」と記し、景初三年（二三九年）の翌年は正始元年（二四〇年）としており、景初四年は認知していない。京都府福知山市広峯の古墳から発掘された盤龍鏡は景初四年の銘文を持つことから魏鏡とされるが、魏朝では存在しない年号が刻されていたとすべきある。

それではなぜ、『日本書紀』の編者が、神功皇后紀に『魏志』倭人伝の卑弥呼の事蹟を割り込ませたのか？　神功皇后紀の記事を拡大解釈して、「神功皇后は卑弥呼であり、神功皇后は実在しなかった」と説く先学も多い。私は、それを愚考と考える。私は、水産学と海洋学の知識を以て、神功皇后は確かに実在したと実証できる。そして、卑弥呼の事績の挿入こそ、『日本書紀』の編者がなした遠望深慮であると考える。詳細は別書で述べる。

＊　指南車は長い間作られたようで、帰化人の倭漢〈やまとのあや〉沙門知由は斉明天皇四年（六五八年）に指南車を作り、天智天皇に献上している（六六六年）（斉明・天智天皇紀）。

補考　魏の一里は何メートルか？

『魏志』倭人伝が記す倭国〈ゐこく〉の国々間の距離（里程）を現在の地図にあてはめて計測し、邪馬台国に到ろうとする試みがいかに無意味かを示してみよう。よく見るいくつかの論文からの引用である。まず、対馬国〜一支国（一〇〇〇里)実測九三km、一支国~末盧国(一〇〇〇里)実測五五km、末盧国~伊都国(五〇〇里) 実測四六km、伊都国~奴国 (一〇〇里) 実測一八kmとされる。それぞれの国間の一里の距離は、五五~一八〇メートルとなり約三倍の開きがでる。これでは統計学的に見て有意な値とはいえない。したがって一里の平均距離を求めることは、無意味といわざるをえない。また、一里の平均距離を求めて「魏里は短里である」とする学説が、邪馬台国を九州北部に求めるための論拠となっている例もあるが、無効である。結果、『魏志』倭人伝が記す倭国の国々間の距離はあくまでも概数であるということになる。松本清張説(『古代史疑』 中央公論社 昭和4９年)のように華夏の吉数を羅列しただけというのも、充分うなずける。

第二章　「順次読み」の筆法

　ほとんどの邪馬台国を探索する学者・研究者およびアマチュアは、末盧国、伊都国、奴国、不弥国、投馬国、邪馬台国までの国々を「順次読み」する。そして、各国間の距離と方位に大いに悩むのである。私はそれを膨大な時間の無駄と言いたい。なぜか？　だれも、華夏の史書にある「**順次読みの筆法**」に考え至っていないからである。「順次読み」が確実な一支国から末盧国へは、「又渡一海千餘里」と「又」を付けている。そのほかには、「又有侏儒國有其南人長三四尺去女王四千餘里　又有裸國黒齒國復在其東南船行一年可至」の一条がある。訓み下せば、「又其の南に、女王［国］を去ること四千余里、侏儒国有り、人長三、四尺。又裸国有り、黒歯国復在り、其の東南船行一年で至るべし」となる（侏儒国はどこ？　なぜ、弥生人あるいは陳寿は裸国、黒歯国を知っていたのか？　答えは後述）。

　陳寿の文章は若干乱れがあるので、次に上げる『後漢書』倭伝（范曄　宋四三二年）の方が読みやすい。

「自女王國南四千餘里至朱儒國　人長三四尺　自朱儒東南行船一年至裸國黒齒國」

この文章は、范曄〈はんよう〉が『魏志』倭人伝を読み、陳寿の文章を清書したといえよう。これら二条は、女王国から侏儒国〈しゅじゅこく〉へ、そして侏儒国から裸国・黒歯国へ至る「順次読み」であり、「又、去、復、自〈より〉、至」を使って記述されている。

さらに、『梁書』倭国伝（姚思廉　唐　六二九年）では、

「又東南陸行五百里至伊都國　又東南行百里至奴國　又東行百里至不彌國　又南水行二十日至投馬國　又南水行十日陸行一月日至邪馬臺國」

と「又」を使って、「順次読み」させている。この「順次読み」は、編者の姚思廉〈ようしれん〉の錯誤であるが、ここでも「順次読み」するには「又」を使っている。

しかし、『魏志』倭人伝は、末盧国以後、伊都国、奴国、不弥国、投馬国の継に「又」・「自」を使っていない。つまり、**陳寿は「順次読みの筆法」を使っていないのだ。**

それゆえに、これらの国々を「**順次読み」してはダメ**なのである。魏の遣使団は、これらの国々を順次訪問していないのだ。前述したように一支国から直接に伊都国の津に上陸したのである。

＊なお、女王国の傍国の紹介は、「次有斯馬國　次有巳百支國　次有伊邪國　次有都支國　云々」とあり、「次」が使われている。この条では、次から次へと傍国を紹介するだけであり、当然のことながら、魏使はこれらの国々を順次訪問したのではない。

＊後に論考することになるが、『梁書』倭国伝は、邪馬臺國にいたる道程を「水行十日**陸行一月日**」と記している。「月」、「日」のどちらかが衍字〈えんじ〉（余計な字）であるが、『梁書』は『魏志』をひいていることから、『魏志』原本は「陸行一月」と記していたのか、それよりも「陸行一日」と記していた可能性もある。なお、『北史』俀国伝（唐　六五九年）の版本は「水行十日陸行一月」と記しているが、その『北史』の原典とされる『隋書』俀国伝（唐　六三六年）にこの記事はない。『北史』俀国伝の編纂時点で参照された『魏志』倭人伝の写本は、既に「水行十日陸行一月」と記していたのであろうか？（＊俀は倭の異体字）。

第三章 「南至邪馬壹国女王之所都水行十日陸行一日」

では、女王が都する「邪馬壹（臺）國」はどこか？「自女三國以北其戸數道里可得略載　其餘旁國遠絶不可得詳」（女王国より北は戸数と道里を略載できる。その他の旁国は遠絶にして詳らかに出来ない。）との記述から、国勢を明記した「末盧国、伊都国、奴国、不弥国などの国々の南に女王国が在る」のは自明であるのだ。また、女王国は壱岐島から見えないので計測のための基点を壱岐島に置くことができない。当然のことながら女王国への道里は記録できないことになる。同様に、その他の旁国も壱岐島から見えないので、戸数・道里も明記できない。したがって、「邪馬壹（臺）國」への旅程の表記は当然異なると理解すべきなのだ。魏使（又は陳寿）は「南至邪馬壹國女王之所都水行十日陸行一月」と日数で著したのである。この一条の解釈は、邪馬台国の位置を特定する重要事項であるため、これまで種々の解釈がおこなわれてきた。

私の論考を示そう。私は、「（自郡）南至邪馬壹國女王之所都水行十日陸行一月」

と考え、帯方郡から女王国にいたる旅程を表していると解した。つまり、「水行十日陸行一月」は日本人（倭人）の伝えた旅程であると考えるのだ。『隋書』俀国伝には「夷人不知里數但計以日」とあり、上古の日本人は里数を計ることができず、日数で距離を計ったとあるからである。

まず、「水行十日」であるが、女王卑弥呼は、前述したように、建安中（一九六～二二〇年）には、公孫氏が植民地経営する帯方郡や公孫氏本国と通交していた。持衰〈じさい〉を伴った船旅の具体的な航路はさだかでないが、伊都国の津から帯方郡まで、おおよそ十日の航海であったのは事実としたい。

次に「陸行一月」であるが、先に結論を述べると「**陸行一日**」の間違いとしたい。現在我々が見る紹興本や慶元本（紹熙本）などの刊本に著された「陸行一月」の**「月」は「日」の誤字・誤植**であると考えるのである。つまり、「帯方郡より南至る邪馬壹国、水行十日、**陸行一日**」と解釈するのだ。

それでは、「**陸行一日**」の論拠を考えてみよう。本文に「**自女王國以北**特置一大率検察諸國　諸國畏憚之　常治伊都國於國中有如刺史　王遣使詣京都帯方郡諸韓國　及郡使倭國皆臨津搜露傳送文書賜遺之物詣女王　不得差錯」とあることから、女王国は伊都国の南に在ることがわかる。その伊都国には女王国から派遣され、諸国を検察する大率や、国内の交易を監視する大倭も常駐する。また、伊都国は魏の洛陽や帯方郡および三韓などとの外交の拠点であり、外国からの書簡や献上品を検査して女王に送る役人もいる。また、帯方郡から派遣された使者は常にここに逗留する（「郡使往來常所駐」）。伊都国にいる大率や大倭などの官吏と女王卑弥呼との交信（「皆臨津捜露傳送文書賜遺之物詣女王」）に徒歩一月（往復で二ヶ月）かかるようでは、行政上の機能不全は明らかであり、ありえない。魏の返礼使団にとって、伊都国の津に上陸する事は、自明であった。そして、遣使団は、少帝の下賜品を女王国に運んで女王に贈呈し、女王の謝辞を得ている（「奉詔書印綬詣倭國　拝假倭王　并齎詔賜金帛錦罽刀鏡采物　倭王因使上表荅謝詔恩」）。この旅程が往復二ヶ月とはありえないとしたい。

以上述べたように、伊都国における出先機関と女王国にいる卑弥呼との間の行政の実働性を考慮して、私は、「**陸行一日**」としたのである。

前述したように、女王国は海岸から離れた陸奥に在り、魏使はたとえ伊都国からでも目視できなかった。そのため、基点を設けることができず、方位も里程も記録することができなかったので、当時の女王の使者が帯方郡との交通に要した日数を借用したと理解すべきであるのだ。具体的には、女王国から「徒歩一日」で伊都国に到り、伊都国の津から「海路十日」で帯方郡に到った。以上の論考から、魏使目線で、帯方郡から南下して邪馬壹国に到る旅程として「南至邪馬壹國女王之所都水行十日陸行一日」と表わしたと理解できよう。つまり、「帯方郡から南に向けて海路十日」で伊都国に「**到着**」し、そこから「**陸行一日**」で女王国に「**至る**」と理解すれば、『魏志』倭人伝の記述は地理的にも整合する。

本居宣長や白鳥庫吉も、「陸行一月」を「陸行一日」の誤りと主張するが、それは、邪馬台国を九州島に収めるためである。なぜならば「陸行一月」とすれば、邪馬台国は、はるか九州島南方の海中にあることになる。また、詳細は後述するが、陳寿は九州島の大きさ（南北の距離）を知っていたのである。それが、「參問倭地絶在海中洲島之上或絶或連周旋可五千餘里」の条にある「周旋可五千餘里」である。「五千餘里」は、九州島を「三十日間陸行」して得られる里程よりもすこぶる小さい。したがって、「南至邪馬壹國女王之所都水行十日陸行一月」つまり、「帯方郡から南に向けて海路十日」で伊都国に「到着」し、そこから「三十日間陸行」して「女王の都」に至るといった旅程をもとより考えていないことは、自明である。陳寿は、「女王の都」に至る旅程を「自郡水行十日陸行一日」と著していたとすることは、理にかなっているといえよう。

さらに、『魏志』倭人伝の刊本には、對海國（対馬國）、始度一海（始渡一海）、一大國（一支國）、女王國（女王國）、景初二年（景初三年）、難升米（難斗米）、丈身（文身）などなど、よく似た字への誤字・誤植があることを鑑みれば、「一月」が「一日」**の誤字・誤植**であると諒解することは合理的といえるのではないか。

＊　帯方郡から「水行十日陸行一月」とすれば、四十日を要する計算になる。この遣使が夏であったとすれば、三十日間陸上を歩けば、日本の湿気のため女王卑弥呼の好物である銅鏡の面は、錆びないまでも曇って輝きを失う。また、絹織物や毛織物にはカビが着くか、イガ虫類やカツオムシ類に食われて穴が開くことになる。そのような傷物を女王卑弥呼に下賜することは、魏の皇帝のメンツを潰すことになる。どうしてそのような汚損がおこるのか？　「及郡使倭國　皆臨津搜露傳送文書賜遺之物　詣女王不得差錯」とあるように、帯方郡からの使者があったときには、皆が津に臨んで、送られてきた書類や賜物を点検して、女王に詣でる際、差錯（くいちがい）がないようにする。そのため、魏王朝からの下賜品は、

当然点検のため開封されていたはずである。

それ以上に往路三十日間の下賜品の運搬労役、そして往復六十日間の食糧・宿泊はどのようにして倭国内で調達できるのか？

「徒歩一月」には、こういったリスクがあるのである。

先学は、なんとかして「陸行一月」を正当化しようと、いろいろな事例を付会・妄想するが、「陸行一月」はもとより現実的でないといえよう。

第四章　女王の都する所の「邪馬壹（臺）國」を考える

「**自女王國以北**特置一大率檢察諸國　諸國畏憚之　**常治伊都國於**國中有如刺史」および「南至邪馬壹國女王之所都水行十日陸行一日」の二条を読み合わせて、伊都国から南に徒歩で一日の処に邪馬台国があると解明した。それでは、邪馬台国はどこにあったのか？　華夏の史書に記述された「邪馬臺（壹）」の語句を検討して、邪馬台国の所在地を解明してみよう。

（一）「邪馬」を考える

『魏志』倭人伝（西晋二八〇～二九七年）では、「邪馬壹〈やまいち〉あるいは〈やばい〉」と著す。

『後漢書』倭伝（宋　四三二年）では「邪馬臺〈やまたい〉あるいは〈やばだい〉」と記す。

『梁書』倭国伝（唐　六二九年）では、「南水行十日陸行一**月日**至祁馬臺國」と記し、陸行一月か一日で「祁馬臺國」に至るとする。「祁」は「邪」の誤字とされるので、「邪馬臺國」となる。

『隋書』俀国伝（唐 六三六年）、『北史』俀国伝（唐 六五九年）、『通典』邊防第一倭（唐 八〇一年）はどれも「邪馬臺」と記す。また、『隋書』俀国伝には「夷人不知里数但計以日」とあり、古代日本人は日数で距離を計ったとある。

このように、陳寿が著した『魏志』倭人伝だけが「邪馬壹」と記し、范曄〈はんよう〉が著した『後漢書』倭伝以後の時代の史書は全て「邪馬臺」と記しているのである。

なぜ、「壹」が「臺」に書き改められたのであろうか？ それを解く鍵は、四二一年、倭王讃の劉宋王朝への朝貢にある。二六六年に台与が西晋に朝貢して以来百数十年ぶりであった。私は、倭王讃を応神天皇とみる。諡号の「誉田別」の「誉」が「讃」に通じるからである。応神王朝には帰化漢人（倭漢〈やまとのあや〉）が多数居たので、倭王讃が派遣した朝貢団に通訳として同行していたとみてよいであろう。劉宋王朝に居た范曄は、海外の使節に面談してその国の実情を知るべく、種々質疑し、記録を残すことも役職の一つとしていたと考えられる。劉宋王朝に伝わった『魏志』倭人伝にある倭女王の都「邪馬壹國」を疑っていた范曄は、讃の遣使に聴聞して、「邪馬壹」の倭語（やまとことば、日本語）を聞き出したとしたい。その結果、范曄は、「邪馬臺」こそが倭語の言語音の借字であると理解して「其大倭王居邪馬臺國」と著した。つまり、遣使から得た情報に基づき『後漢書』倭伝を著すとき、陳寿の「邪馬壹」を「邪馬臺」に修正したと、私は考える。それにより、以降の史書は、「邪馬臺」を正式名として採用した。范曄は、またあわせて『後漢書』倭伝のなかの狗奴国〈くなこく〉の位置、侏儒国・裸国・黒歯国の位置関係の記述も修正した。

さらに、『隋書』俀国伝は、「都於邪靡堆　則魏志所謂邪馬臺者也」と記して、『魏志』倭人伝にある「邪馬臺」を「邪靡堆」と解する。また、『北史』俀国伝も、「居於邪摩堆　則魏志所謂邪馬臺者也」と記して、「邪馬臺」を「邪摩堆」と解する。「邪靡堆」の「靡」は「摩」の誤字であり、『北史』俀国伝は『隋書』俀国伝を原典としていることから、両史書とも「邪馬臺」は「邪摩堆」であると理解したのである。『隋書』俀国伝は、聖徳太子が小野妹子らを遣隋使として隋の煬帝に朝貢させた（六〇七年）ことから、遣隋使から得た情報を多く記す。また、その返礼使として派遣された裴世清〈はいせいせい〉が九州と大和を訪問し（六〇八年）、その見聞録も記されている。倭国の情報量は多いといえる。

また唐代には、李賢が『後漢書』倭伝の百衲本の「其大倭王居邪馬臺國」に「案今名邪摩惟音之訛也」と注を付けている。「邪馬臺」は、倭語の言語音である「邪摩堆（惟は堆の誤字）」が訛ったもの、すなわち借字であると注釈した。

総合して論考すると、「邪摩堆」の「堆」の華夏旧音は「dui」であり、「邪摩堆」は「yemodui」と読める。したがって、「邪馬臺」は、「邪摩堆」つまり倭語の「やまだい」あるいは「やまたい」という言語音を写す借字〈しゃくじ〉であると理解されたと言えよう。

それでは、倭語の「やまたい」・「やまだい」はどういうことであるのか？『日本書紀』天孫降臨譚には、霧島連山の一つ「添山」を「添山　此云曾褒里能耶麻」（添山、これ『そほりのやま』という）とあり、「山」を「耶麻〈やま〉」と訓じている。「耶」の古字は「邪」であり、「耶」は「邪」の異体字である（『漢字・漢和辞典 -OK 辞典』Web）。「麻」は「ま」と読む。日本人は、上代から「山」を「やま」と発音していたことがわかる。

「邪馬臺」にもっと近い地名がある。それは大分県中津市の「耶馬溪〈やばけい〉」である。これの原語は「山国の谷」であるが、江戸時代の漢学者・漢詩人である頼山陽が「山国の谷」の風光明媚を愛でた漢詩に「耶馬溪」と詠んだことによる。

漢学者の頼山陽は、「耶馬」は「山」に通じることを知っていて、「山国」を「耶馬」とあらわしたのである。

以上の論考から、**「邪馬」・「邪摩」・「耶麻」・「耶馬」はすべて、「山」の倭語〈やまことば〉である「やま」の言語音を漢字で写した借字であるのだ。**決して漢語が語源ではないのである。

＊ 外国語の固有名詞を著すとき、その言語音を漢字で写しとったものが借字である。たとえば、中共で、「うどん」を「烏冬」、「コカコーラ」を「可口可楽」と表すごとくである。その漢字自体に意味はない。それでは、名句「夕有風立秋」はどのように読むのか、考えて見てください。英語原文を日本語で著してあります（失礼は、ご容赦のほどを）。

(二)「臺」を考える

それでは、「臺〈たい、だい〉」とはなにか？ 「臺」は「台」と同じで、台地、つまり「表面が比較的平らで、周囲より一段と高い地形」を意味する。また、「堆

〈たい〉」も、「平らな頂をもつ隆起部」あるいは「小さい丘」を意味する（『漢字・漢和辞典 -OK 辞典』Web）。しかしながら、『日本書記』では、「臺」の通字である「台」はほとんど使われず、「堆」は全く使われないことから、上代の日本人にはなじみのない字であった。一方、「臺」は頻出し、その用法も「高臺」や「星臺」のように一段と高い場所を示す語として使われている。**上代の日本人は、「臺」の意味するところを正しく理解していたのである。**

（三）『魏志』倭人伝の「邪馬壹」を考える

以上「山」と「臺」についての論考から、上代の日本人は、「**やまたい**」（「**耶麻臺**」、「**山臺**」）は「山につながる台地」つまり「**丘陵地**」と認識していたと判断できる。平野部にある「河岸段丘」ではない。正始元年に日本を訪れた魏の返礼使団に「女王卑弥呼の都する所」を尋ねられた日本人（倭人）は、女王の宮殿のある「丘陵」をさして「耶麻臺〈やまたい〉」と教えたと判断される。魏の官吏は当然のこととして、女王卑弥呼の宮殿を訪れ、魏の少帝からの膨大な下賜の品々を拝仮した。その際、女王の宮殿が「山のふもとの台地」にあることを確認したはずで、「**女**

王の宮殿がある丘陵」を倭人が言った**「耶麻臺」＝「山臺」**と記録して復命したとしたい。

報告書を見た陳寿は、「女王卑弥呼の都する所」を記すとき、「耶麻」を卑字で「邪馬」と著し、「臺」にはよく似た字である「壹」をあて、結果として**「邪馬壹」が創出**されたと、私は考える。ではなぜ、「臺」に「壹」をあてたのか？「臺」には「朝廷」あるいは「皇帝が展望を楽しむための高層の建築物」の意味があり、そのため貴字の「臺」の使用を避けて、似た字である「壹」をあてたと、私は考える。「耶麻」＝「山」を卑字で著したくらいであるから、貴字の「臺」の使用を避けたのは当然のことである。こうしたトリックは、中華思想のなせる業といえよう。この考えの論拠は、二六六年、台与が帰国する張政を送るために派遣した使者が、晋王朝の王宮に詣でたとする一条「詣臺獻上男女生口三十人・・・」にある。この一条は王宮を「臺」と記し、「壹」を使っていない。したがって、倭語〈やまとことば〉の「たい」に「壹」をあてたのは、陳寿の恣意的な仕業といわざるを得ない。

また、同様の考えは他にもある。古田武彦説は、『隋書経籍志二』に魏の明帝を「魏臺」と称した記述があることから、陳寿は「臺」の使用を避けて「邪馬壹」としたとする（塚田敬章　古代史レポート　所収　Web）。

いずれにしても、『魏志』倭人伝では、「邪馬壹國」はたった一回使われるだけで、他では「女王」あるいは「女王國」として著されており、**「邪馬壹國」は陳寿の造語**であるといえるのではないか。つまり、**倭地にはもとより「邪馬臺國」という名称をもった国はなく、「山のふもとの台地」**（丘陵）である「耶麻臺」＝**「山臺」に女王の宮殿がある環濠集落**（図1－3）を含め、**七萬餘戸ばかりの住居をもつ環濠集落群が広がっていた**（図1－4）。**この情報を得た陳寿は、その地勢を国にみたてて「邪馬壹國」と表したと、私は考える。**

後世、范曄は、『魏志』倭人伝の「邪馬壹國」を疑い、倭王讃の遣使から得た情報をもとに「邪馬臺國」と訂正したと、私は考えた。さらに、遣隋使からの情報を得た『隋書』俀国伝と、それを原典とする『北史』俀国伝は、「邪馬臺」を言語音の「邪摩堆」と解し、日本人が言った「やまたい（耶麻臺・山臺）」の借字であると正しく理解したのである。

＊　華夏人は、「山」を聖人あるいは不老不死の仙人が住む神聖なところとしていた。神仙思想である。戦国時代に流行した「山字文鏡」（図1－5）、および前

図 1-3 背振山南丘陵(山臺)の吉野ヶ里遺跡に復元された、祭殿などが建つ北内郭　　佐賀県立博物館 細川金也氏提供

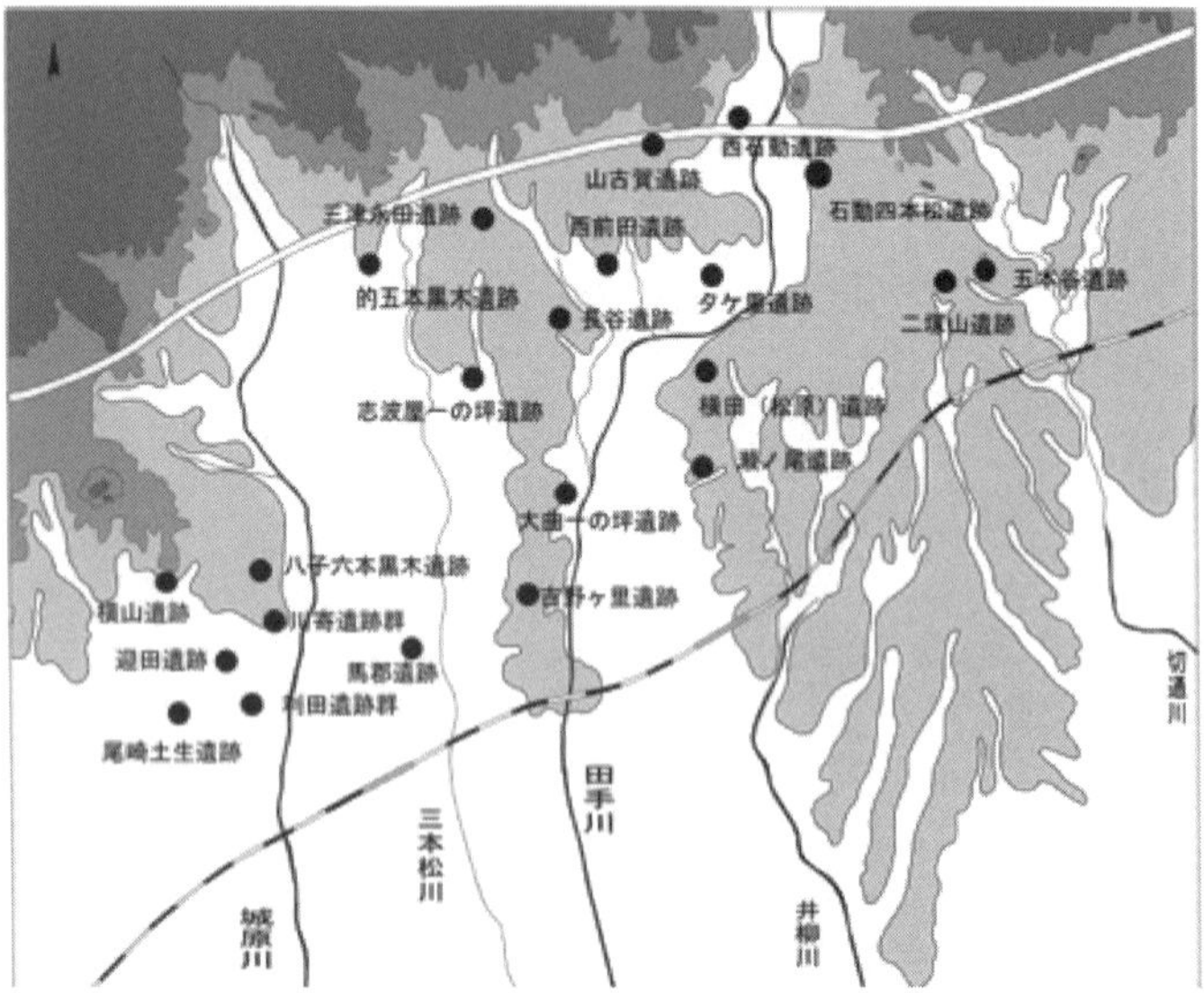

図 1-4　背振山地南山麓の山臺（丘陵）に築かれた環濠集落等の遺跡群　　佐賀県立博物館 細川金也氏提供

漢末から後漢に流行した「方格規矩四神鏡」（図1－6）の銘文「上有仙人　不知老　渇飲玉泉　飢食棗・・」（山上には不死の仙人が住む。渇えれば玉泉を飲み、飢えればナツメを食す　云々）に、「山」を神聖視する思想がうかがえる。

実は日本人も「山」を神聖視していた。四方を青山に囲まれる良き地（「東有美地　青山四周」）で国を治めるため、磐余彦尊（後の神武天皇）は日向国から東征にでている（神武東征紀）。「やまと朝廷」が治めた青山四周の地は「山都〈やまと〉＝耶麻騰、山跡、夜麻登」と呼ばれ、「倭」と「日本」が当てられた。つまり、「倭」と「日本」は、字の本来の用法を無視して、異なる語の表記に転用された「当て字」であるのだ（後に「大倭」と「大和」が加わった）。

また、平安京も風水の四神相応に基づいて、東

図 1-5 戦国時代の山字文鏡

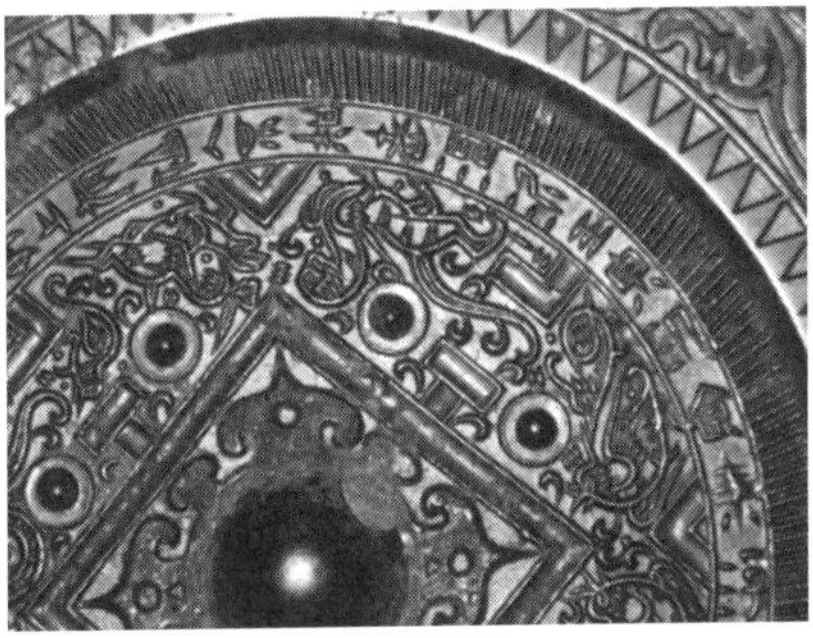

図 1-6 後漢時代の方格規矩四神鏡

山（青龍）・西山（白虎）・北山（玄武）の三方を山に囲まれた土地に築かれた。三山の守護神のおかげか、明治時代まで京都〈みやこ〉として繁栄した。ちなみに、王莽新から後漢の時代に流行した「四神鏡」には「左青龍、右白虎」の銘が見られる。この銘文は「左方位は東、右方位は西」とする。この表現は間違っていない。華夏では「君子は南面す」の習慣から、南を向いて方位を表していた証拠である。

＊「倭」と「日本」が「やまと」の「当て字」であることは「倭建命〈やまとたけるのみこと〉」と「日本武尊〈やまとたけるのみこと〉」に見ることができる。となると、半島の任那に建てられた「大和朝廷」の出先機関「日本府」（？～五六二年）も、「にほんふ」よりは「やまとのふ」と訓むほうが適切ではないだろうか。また、「日本」の国号が定まったのは大宝律令（七〇一年）においてと考えられているが、読みは「やまと」であったのか、それとも「にっぽん・にほん」あるいは「ひのもと」であったのか？

第五章　「邪馬臺國」へのアプローチ

（一）　侏儒国の解明

それでは、七万余戸の住居がある台地がつながる山とはどこか？『魏志』倭人伝に基づいて「邪馬臺（壹）國」を求めようとする先学達は、正始元年に魏の返礼使がたどたかもしれない帯方郡からの道程を考察して「邪馬臺（壹）國」に到ろうと涙ぐましい努力をしてきた。今に至るまで、**先学の努力が報われたとは、私は思わない。そこで、私はそうした先学のだれもが考えもしなかったルートから「邪馬臺（壹）國」に到った**のである。述べてみよう。

『魏志』倭人伝に次のような文章がある。

「又有侏儒國有其南人長三四尺去女王四千餘里　又有裸國黒齒國復在其東南船行一年可至　參問倭地絶在海中洲島之上或絶或連周旋可五千餘里」（又侏儒国有り、其の南に有り、人長三、四尺、女王［国］を去ること四千余里。又裸国有り、

黒歯国復在り、其の東南船行一年で至るべし。倭地を参問するに、遠くの海中の大小の島の上に在し、或いは絶え或いは連なり、周旋五千余里ばかり。）

前述したように、本条は、女王国から侏儒国〈しゅじゅこく〉へ、そして侏儒国から裸国さらには黒歯国へ至る旅程を表している。ここに出てくる「侏儒国」（こびとの国）であるが、「女王国から南四千余里にあり、そこから船で裸国・黒歯国に至る」とすることから、「侏儒国」は九州島南端の薩摩半島と大隅半島にあるとすることができる。つまり、薩摩半島や大隅半島に「侏儒〈ひきひと〉」の民族が居住していることを、北部九州の人々は知っており、正始元年に来訪した魏の返礼使に伝えたのである。それで、『魏志』倭人伝に「侏儒國」が記載された。邪馬台国と想定される吉野ヶ里や北部九州の遺跡の甕棺墓〈かめかんぼ〉からゴホウラやイモガイの貝輪を着けた人骨が検出されている。それらの貝は南島（沖縄島以南の島々）にしか棲息しないので、貝を南島から輸入し、貝輪を製造していた人々との交易が必要であり、それが薩摩半島や大隅半島の住民であったと考えられる。

ではなぜ、南九州の原住民が「侏儒」、つまり低身長であったのか？　その原因は、薩摩半島や大隅半島が、三三万年～七三〇〇年前に起こったいくつものカルデラ噴火（三三万年前の加久藤カルデラ、一一万年前の阿多カルデラ、二万五千年前の姶良カルデラ、七三〇〇年前の喜界カルデラ）がもたらした火砕流により形成されたシラス台地（火山灰台地）で覆われていることに因る。土地は、水はけがよく、酸性であり、ミネラルが消失しやすいので、シラス台地の耕地で育つ作物はミネラルが不足しやすい。なかでも亜鉛を含まない作物を人々が摂食すると、亜鉛欠乏症になり、細胞分裂が阻害されることにより「亜鉛欠乏性低身長症」を発症する（「亜鉛」Web）。したがって、シラス台地の地域である薩摩・大隅半島では、亜鉛欠乏性低身長症が集団で発生することになる。

実際に、古墳の考古学的調査で「低身長症」の人骨が検出されている。「大隅・薩摩半島では短頭型であり、山間部古墳人は低身長であると考えられる」（「南九州地域における古墳時代人骨の人類学的研究」松下孝幸『長崎大学学報』１９９１年）。

この論文の結論から、南九州地域の山間部の住民は「侏儒（＝低身長）」といえるのである。他方、平野・沿岸部の住民が正常な身長をしていたのは、南九州地域でも平野・沿岸部の住民は、亜鉛を多く含む牡蛎などの海産物が摂取できるので、亜鉛欠乏症を発症しないからである。また、シラス台地の域外（例えば宮崎県の西都市など）の住民も、鉛欠乏性低身長症を起こすことはない。したがって、「侏儒国」とは、大隅・薩摩半島で亜鉛欠乏性低身長症の群衆（熊襲と呼ばれ、後に隼人と呼ばれた人々）が暮らす地域といえるのである。私のように、化学・医学・生理学・栄養学の知識があれば「侏儒国」の理解は容易であるのだ。残念ながら、「邪馬臺（壹）國」探索のため『魏志』倭人伝を熟読したと豪語する先学の誰一人として、**「侏儒国」を理解していない**（「侏儒国」、「黒歯国」はほんとうにあったのか　邪馬台国大研究　井上筑前　Web）。

補考　侏儒国と隼人の墓制を考える

南部九州地方には、地域性の強い墓制として、「地下式墓」が造営された。その「地下式墓」の一形式「地下式横穴墓」が鹿児島県東部（鹿屋市、曽於郡）および宮崎県南部（小林市、宮崎市、西都市、児湯郡など）に遺存する。もう一つの「板石積石棺墓」が鹿児島県西部（薩摩郡、薩摩川内市）、宮崎県南部（都城市、小林市、えびの市）および熊本県球磨郡などに遺存する（『邪馬台國と日向』石川恒太郎　日向文化研究所　昭和四十七年、『神話となった日向の巨大古墳』北郷泰道　鉱脈社　２０１７年）。地下式横穴墓と板石積石棺墓は、かつては「隼人の墓制」として認識されていたが、隼人の歴史的存在意義が見直されるにともなって、「地下式横穴墓＝隼人の墓」という見解は、考古学・文献史学両面から主たる学説とは見なされなくなったようである。しかし、これは、文系学者が行った恣意的な解釈であると私は判断する。いわゆる進歩的文化人とよばれる日本人学者が、歴史的事実である「帰化」（文化度の低い国の人々が、文化度の高い異国に移民すること）を、「渡来」（高い文化文明をもって異国に移り住むこと）という用語に替えるべきであるという朝鮮半島出身の文筆家や半島の歴史学者の主張に同調する有り様とオーバーラップする。

『魏志』倭人伝という歴史書にしたがえば、南部九州地方に確かに「侏儒国」が実在した。「侏儒〈ひきひと〉」とは文化人類学的には差別的な呼称である。だからといって、「侏儒国」を構成し、『記・紀』で熊襲・隼人と呼ばれた住民の暮らしと文化のアイデンティティーを冒すべきではない。確実に残る墓制を、侏儒あるいは熊襲・隼人と呼ばれた住民の文化遺産として認識し、研究を推進することこそが、南九州地方における正しい歴史の解明になると、私は確信する。真実解明に、「恣意的な配慮は無用」である。これが、理系学者の主張である。

＊　自書（『日向国の神々の聖蹟巡礼』）に記したことであるが、隼人族は決して虐げられた民族であると、私は解釈しなかった。「隼人族は、華夏人をまねた中華思想に基づいて政治的、恣意的に創出された」とする学説（Web）は、明らかに錯誤であるといえよう。こうした『記・紀』に対する悪意有る先入観を排除して、私のように素直に『記・紀』説話を読み解くことで熊襲・隼人族が正当に理解できるのである。

一つ例を挙げよう。「地下式墓」は宮崎県の西都市の西都原と新富町の新田原を結ぶ線から南部にあって、北部にはないという事実がある（石川恒太郎　前掲）。この「地下式墓」を隼人族の墓制と認識するならば、『後漢書』倭伝が記す「建武中元二年　倭奴國　奉貢朝賀　使人自称大夫　倭國之極南界也　光武賜以印綬」の条にある「倭國之極南界」がどこを指すのか、私には正しく認識出来たのである。どこであるのかは、前述の自書に記した。

（二）「**倭地**」・「**周旋可五千餘里**」を解く

以上述べたように**薩摩あるいは大隅半島から北四千余里に「女王国」が在ることがわかった。**先学は帯方郡から、つまり北側から邪馬台国に迫ろうとしが、成果をだしえていない。理系の私は南から女王国にアプローチしたのである。

つぎに「倭地」について考えてみよう。「參問」するに「周旋可五千餘里」とある。「參問」とは、尋ねまわって答えを得ることである。ここで問題になるのが、「**倭地**」と「**周旋**」である。「倭地」とはどの範囲を示すのか？「倭地」に対馬島と壱岐島が含まれるのか否か？ 私は、これらの島は「倭地」に入らないと考える。なぜならば、魏の返礼使は両島に立ち寄り、地理情報を得ているので、「參問」する必要がないからである。しかし九州島には不明確な地域が多くあった（「自女三國以北其戸數道里可得略載 其餘旁國遠絶不可得詳」）ゆえに、「參問」する必要があったので、「**倭地**」は「**九州島**」をさすとするのが合理的である。九州島の「周旋可五千餘里」について、本居宣長を含めほとんどの先学は、「九州島一回りの距離」とする（いったいどのようにして計測できたというのか？）。しかも、「女王国」から侏儒国までの距離が四千余里であることから、「九州島一周

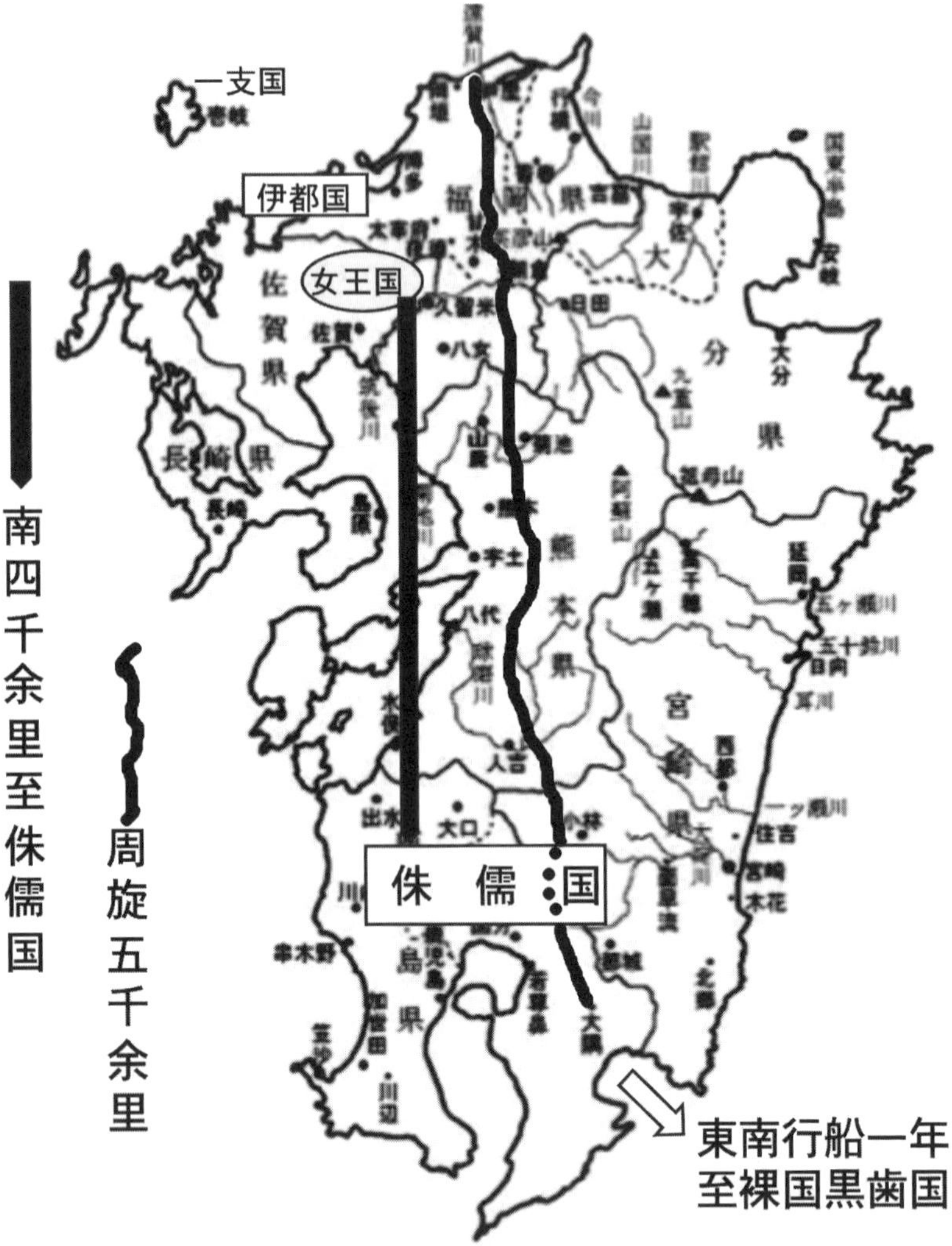

図 1-7 女王国、侏儒国、周旋五千余里の解釈図

の距離」は一万里以上にならなければ計算があわない。では、「周旋」の意味はなにか？　私はずいぶんと考えあぐねた。「邪馬臺（壹）國」に至る里程を伊都国から放射状に読むという説を唱えた榎一雄（一九四七年）は、「周旋可五千餘里」を「うねうねと五千余里」と説いていた。また、伊藤雅文は、『三国志』に記された二〇以上の「周旋」の用法を調べ、「曲がりくねった一本の線」を表すことをみいだした（「周旋」の新解釈と畿内説の不成立　伊藤雅文 Web）。端的に言えば「直線距離」ではなく「地形に合わせた曲がりくねった距離」ということになる。素晴らしい新知見である。となれば、**倭地つまり九州島の遠賀川河口から「侏儒国」がある薩摩あるいは大隅半島の先端までの「地形に合わせて曲がりくねった距離」が、「五千余里」となると解することは合理的である。**概算すれば、女王国の対外玄関口が伊都国にあることから、伊都国から「女王国」までの距離は「千里」にもみたず、日数では「一日」で十分であることになる（図1－7）。

第六章　「邪馬臺國」はここだ！

　先に、女王国から伊都国までの旅程は、行政の実効性を考慮して「一日」であるべきと解析した。さらに、「一月」は「一日」の誤字・誤植とできると考察した。第五章では、**侏儒国と周旋五千余里の条の論考から「女王国から伊都国までの里程は一日」であると実証できた。**

　伊都国は「女王国」の北に在らねばならないので（「自女王國以北特置一大率檢察諸國　諸國畏憚之　常治伊都國於亡」）、**伊都国から南徒歩一日で到るとなれば、背振山地を越えた佐賀平野側の「山臺」は、現在の吉野ヶ里丘陵となる**（図1‐4、1‐8）。地図で計測しても、糸島市の前原町から背振山地を越えて吉野ヶ里町の東脊振地区まで約9時間で到れる（図1‐9）。当時には、伊都国から背振山地を越えて女王卑弥呼の宮殿まで整備された幹道があったであろう。**背振山地の南の丘陵地に、女王の宮殿が在る巨大環濠、その両翼に七万余戸の家屋が建つ環濠集落群が広がっており、その地勢がいわゆる「邪馬臺（壹）國」であったのだ**（図1‐4）。現在の地理では、佐賀県神埼郡・神埼市を中心に東は鳥栖市、西は

図 1-8 吉野ヶ里遺跡の航空写真

佐賀県立博物館 細川金也氏提供

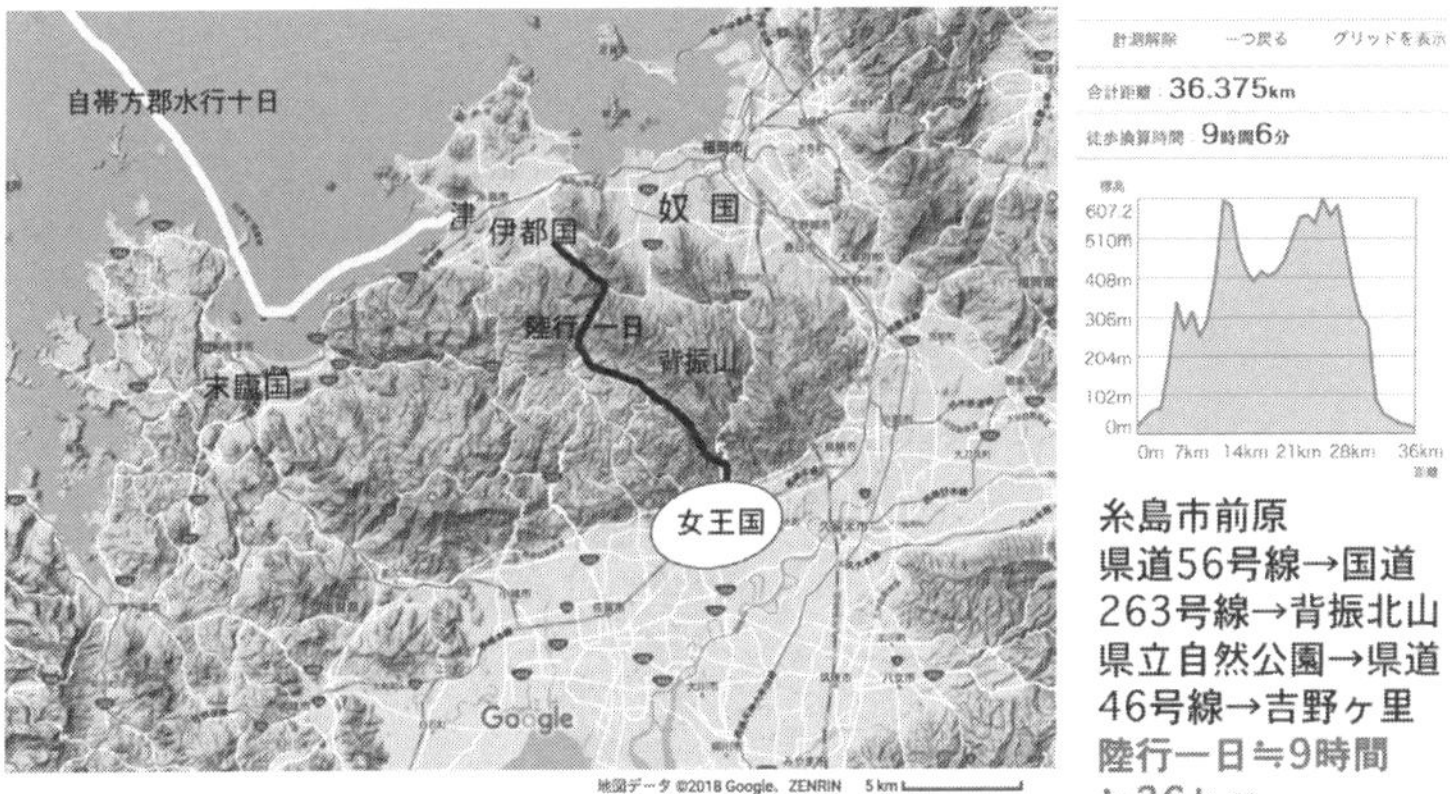

図 1-9 自帯方郡至女王国水行十日陸行一日の解釈図

佐賀市あたりの地域とできるのではないだろうか。

ここに、華夏王朝の史書を読み込む文献史学で、「女王の都する所である邪馬臺（壹）國」の位置が特定できたのである。

吉野ヶ里地域での遺跡発掘の成果（「佐賀平野の拠点集落」細川金也『季刊邪馬台国』130号　梓書院　2016年）がこれを裏付けている。

＊「周旋可五千餘里」に関連して、『三国志』呉志十九諸葛恪条に、「衆議咸以丹楊地勢險阻　與呉郡　會稽　新都　鄱陽四郡鄰接　周旋數千里　山谷萬重」とある。奥野正男は、この記述を考察して、「丹楊の地は、呉郡、會稽、新都、鄱陽の四郡と隣接して広がり、周旋数千里とする。現在の地図で比較すると、九州島がすっぽりとその中に収まる」と解析した（奥野正男『邪馬台国はここだ』梓書院　2010年）。「周旋可五千余里」と「周旋数千里」はほぼ同じ距離を表しているといえるので、氏の解析は正しい。このことからも、陳寿は、合理的な地理情報を得て、『三国志』を著していたといえよう。

第七章　黒歯国はどこか？

侏儒国から東南船行一年で至る黒歯国はどこかというと、ずばり、ニューギニア島である（鹿児島から東南五〇〇〇㎞）。このことは、植物学・食物学・化学の知識があれば、容易にわかることである。ニューギニア島の住民はタロイモと野生バナナを主食にしていた。これらの食物は、渋味のもとであるタンニン酸を多く含む。タンニン酸を含む食物を食べ、鉄分を含む水を飲むと、両者が化学反応を起こして黒化し、結果、歯を黒く染めることになる（日本人のお歯黒や西洋のインキはこの化学反応の応用である。また、お茶を鉄分の多い水で点てると青黒くなるのも同じ化学反応の結果である）。ニューギニア島の古民芸品には黒い歯を持つ男子面や女性木像がみられる（Web）ことで、「黒歯」は実証されよう。なんと！日本人は、弥生時代既に、メラニシア諸島の住民が「黒い歯」をしていることを知っていたのだ（図1-10）。

では、本当に弥生人がニューギニア島を知っていたのか？「黒歯国」の記述には、陳寿のトリックがあると、私は考える。記録に残っているか否かは検索していないが、後漢の宮廷人は「黒歯国」を知っていた可能性が否定できないのである。そのことを、陳寿は『魏志』倭人伝で開陳したとしたい。

『後漢書』順帝紀につぎのような記述がある。

「順帝永建六年　葉調國王遣使師會贈送方物　漢封師會為漢歸義葉調邑君　又賜國王金印紫綬」。訳すると、「順帝永建六年（一三一年）に葉調国王が方物を贈って朝貢した。そこで漢は、『漢帰義葉調邑君』に封じ、国王に金印紫綬を賜った」となる。

その葉調国は、今のスマトラ島あるいはジャワ島と想定されている。熱帯の産物は漢王朝においてはさぞかし珍奇であったはずであり、珍物を献じた葉調国王に金印紫

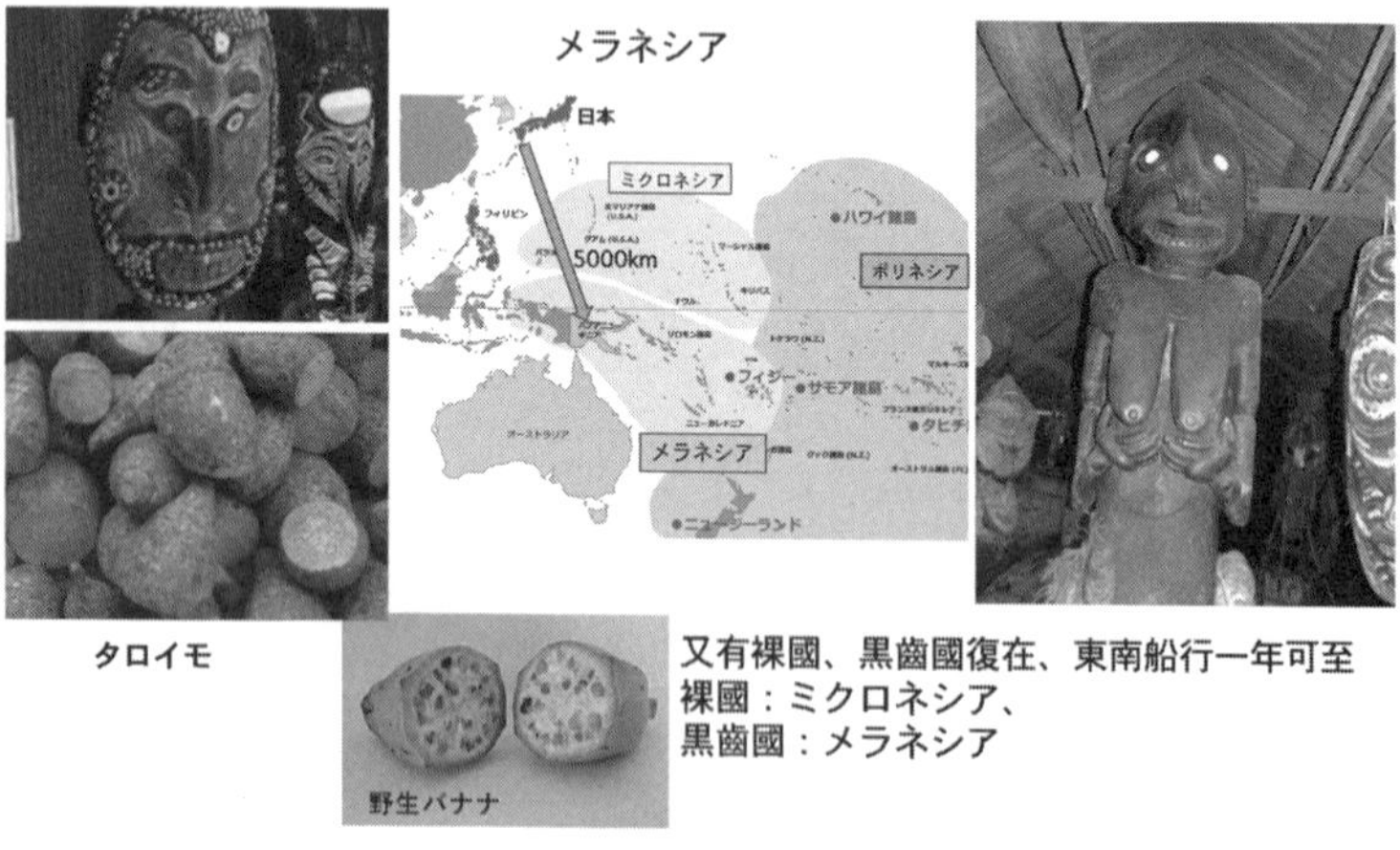

図 1-10　東南船行一年可至裸国・国歯国の解釈図

綬が下賜されたのは当然のことである。これら二島からメラニシア諸島のニューギニア島には島伝いに交流が可能である。薬調国の朝貢使から聴いて、薬調国の東方はるかに「黒い歯」をもつ人々が暮らす国があることを、後漢王朝の廷臣達は知ったとしたい。そして記録か伝承が残された。つまり、地理的に、後漢から薬調国は南方にあり、薬調国から東方にニューギニア島がある。この地理観を、『魏志』倭人伝にあてはめると、「黒歯国」は「侏儒国」のある鹿児島県からは東南のはるか海中に在ることになる（「自朱儒東南行船一年至裸國黒齒國」）。この一文のおかげで、私は朱儒国が鹿児島県であるとの確証を得たともいえる。陳寿は、知り得た「黒歯国」を、「侏儒国（こびとの国）」に続けて開陳したと、私は考えるのである。中華思想のなせる業であるのか、『山海経〈せんがいきょう〉』と同様、東夷には魍魎〈もうりょう〉が棲むという認識があったのであろう。

「洛陽から南行して薬調国に到り、東行して黒歯国に至る」旅程を陳寿が頭の中でえがいており、それが朱儒国と黒歯国の旅程に反映されたと、私は推察した。その理由は、「從郡至倭　循海岸水行　歴韓國乍南　乍東到其北岸狗邪韓國」=「倭人在帯方東南大海之中」と同じ筆法であるからである。つまり、「帯方郡より倭国に至るには、海岸に沿って水行、馬韓を歴〈へ〉るにしばらく南し、しばらく東して狗邪韓国に到着する」。そこから海を渡って対馬島、壱岐島を経由して伊都国の津に到着するのである。結果として、「倭国は帯方郡から東南の海中に在る」ということになる。この筆法なのである。

以上論考したように、史書の解読にくわえて、食物学・植物学、化学の知識をもってすれば、「黒歯国」の解明は難しくない。

確かに、「侏儒国」と「黒歯国」は実在したのだ。

＊ 実は、漢王朝では、檄外蛮夷の国々に対する金印紫綬の下賜は方物の珍宝・珍奇性で決定していたのである。漢王朝が珍宝の方物に金印下賜で答えた例をあげよう。雲南省東部を治めた滇王〈てんおう〉は、翡翠を方物にして「滇王之印」の金印を下賜された。撣国〈たんこく〉（ビルマ）の雍由調王も翡翠を方物にして金印を下賜された（和帝永元九年、九七年）。「和氏の玉」あるいは「完璧」・「連城の璧」で知られる如く、漢人は古代より「玉〈ぎょく〉」を特に珍重したからである。緑色の硬玉である翡翠の産地は雲南省からビルマ北部にある。

付記すれば、揮国〈たんこく〉は現在のミャンマーであり、洛陽から南に遙かに遠い。その距離は洛陽から日本に至るより遙かに遠いが、「揮」であり、その意味は「はたく」・「払い落とす」である。したがって、日本の古名「倭〈ゐ〉」は、「うねって遠いさま」、つまり「洛陽から遙かに遠い」から「倭〈ゐ〉」と名付けられたとする説は、理に合わない。

＊帯方郡から狗邪韓国に到る旅程を著した「從郡至倭　循海岸水行　歴韓国乍南乍東　到其北岸狗邪韓國」にある「乍南乍東」の「乍」の訓みを、前述したように、私は「しばらく」（『字源』Web）とした。同様に、石川恒太郎（前掲）、井上秀雄（『邪馬台国』　小学館　所収）も、「乍」を「しばらく」と訓んでいた。三韓半島西岸の帯方郡から半島東部南岸の狗邪韓国に到るには「しばらく南し、しばらく東し」する航程しか考えようがない。

他方、先学は、「乍南乍東」を、韓国〈からくに〉を歴て、「あるときは南し、あるときは東し」（安本美典説）、「あるいは南に、あるいは東に」（松本清張、奥野正男説）、「たちまち南し、たちまち東し」（古田武彦説）、あるいは「南に行ったり、東に行ったり」などと訓む。はたしてこれらの解釈で、帯方郡から狗邪韓国に到ることができるであろうか？

＊　蛇足になるが、渋柿（タンニン酸を多量に含むため渋い）の皮をむいて、鉄製の金網で作った笊か籠にいれて干すと、柿の金網に接した部位が黒く変色する。これは、鉄と反応したタンニン酸が黒化したためである。渋柿干しのシーズンに試してみて下さい。

第八章　「自郡至女王國萬二千餘里」・「計其道里當在會稽東治之東」を読み解く

邪馬台国在九州説を主張する先学にしろ、邪馬台国在畿内説を夢想する先学にしろ、ほとんどの先学は、「自郡至女王國萬二千餘里」、「計其道里當在會稽東治之東」の二条を邪馬台国の所在地を解くキーワードとしてきた。それだけでなく、拡大解釈して、陳寿の持つ日本列島の地理観が表されているとも解釈してきた(三品彰英説、和歌森太郎説など)。

はたして、そうであろうか？　まず、この二条を含む「倭人伝」の原文をみてみよう。

「**自郡至女王國萬二千餘里**　男子無大小皆黥面文身　自古以來其使詣中國皆自稱大夫　夏后少康之子封於會稽斷髮文身以避蛟龍之害　今倭水人好沈沒捕魚蛤文身亦以厭大魚水禽　後稍以為飾　諸國文身各異或左或右或大或小尊卑有差　**計其道里當在會稽東治之東**」

私は、原文を示したごとく、以下のように解釈する。まず、「自郡至女王國萬二千餘里」（帯方郡より女王国に至るに万二千余里）と、帯方郡から女王国までの距離が里数で表される。それに続いて倭人の文身（いれずみ）の風俗が、會稽に封じられた夏后少康の庶子の文身の古事を混じえて詳細に記される。そして「計其道里當在會稽東治之東」（その道里を計〈かんがえ〉ると、会稽東治の東部に当たるところ）の条で締めくくられる。これでひとまとめの記事になる。

ところが、多くの先学は、「自郡至女王國萬二千餘里」を女王国とその傍国および鉅奴国を記述する節の締めくくりとみなす。また、「計其道里當在會稽東治之東」を倭人の衣服など風俗の節の端緒とする。結果、倭人の文身の風俗の記述を独立の記事にしてしまうことになる。そのため、會稽に封じられた夏后少康の庶子の文身の古事を、なにゆえに陳寿が著したのか、その意義が理解できなくなってしまうのである。

「自郡至女王國萬二千餘里」を帯方郡から女王国までの実測の距離ととらえる先学は、魏の返礼使団が通ったとする里数を逐一計算してえた伊都国までの距離が万五百里となることから、差し引きして、女王国は伊都国から千五百余里で至れる所にあると主張する。また、ある先学は対馬島と壱岐島の大きさを考慮して差し引き、伊都国から女王国までの距離を八百里とも主張する（奥野正男説など）。しかし、私は、このような道里計算は全く無意味と考えた。というのは、前述したように魏の返礼使団は直接伊都国の津に到着して上陸したとするのが、合理的であるからである。それゆえ、私は、「自郡至女王國萬二千餘里」は、倭人が教えた帯方郡から女王国にいたるのに必要な**「水行十日陸行一日」を、陳寿が道里にかえて表したものではない**と理解する。

では、なぜ、陳寿は「萬二千餘里」と道里表現をとったのか？　陳寿は、帯方郡から「万二千余里」の里程の具体例として、文身の風俗の逸話をまじえ、その「万二千余里」の道里を計〈かんがえ〉ると「當在會稽東治之東」と付記する。この条を引き出すための前置きであったのだ。つまり、文身を倭人の風俗として記述するところで、古代王朝の夏（＝夏后）の六代帝少康の庶子の於越（無餘王）が会稽に封じられたとき断髪・文身をして蛟龍〈こうりゅう〉の害を避けたとする古事を出して、「会稽東治〈かいけいとうじ〉」に注目させたのである。この逸話は当時の華夏人にはよく知られていたのであろう。そして帯方郡からの「万二千余里」の距離を計〈かんがえ〉ると、倭女王国は、「會稽東治の東部に当たる所に在る」と、晋王朝の皇帝や廷臣にわかりやくす解説したものと、私は解した。この筆法は、現代流にすれば、「札幌市は緯度的にドイツのミュンヘン市に当たる」と、ドイツで話し、ともにビール製造が盛んな札幌市を紹介するのと同様である。私も現役の頃、学生に「主題」をより良く理解させるため、関係するエピソードを交えて講義した。陳寿と同じ筆法（＝話法）である。

その「會稽東治」はどこか？　司馬遷の『史記』には、於越（無餘王）の事蹟として、「無餘都會稽山南　故越城是也」（無余は會稽山の南に都する。故に越城是なり）と記す。そうであるならば、「會稽」は、越（前六〇〇年～前三三四年）の首都の「會稽」であるとすることが妥当である。時代が下り、「會稽」は「衆議咸以丹楊地勢險阻　與呉郡　會稽　新都　鄱陽四郡鄰接　周旋數千里　山谷萬重」（『三国志』呉志十九諸葛恪条）と記され、呉の領域の會稽郡としてでてくる。會稽郡は紀元前二二三年～紀元後七五八年にかけて営まれ、時代によって変遷した。越の都の會稽は、現在の浙江省紹興市付近であるが、紹興の旧名は「越州」であった（南宋時代の紹興元年、一一三一年に紹興と命名）。したがって、陳寿が表記した「會稽東治」は、會稽郡の東部域の治所としてその地理を明確にさせたと理解できる。それ故に、「會稽東治」は現在の紹興市あたりを指すと判断できる。

では、「會稽東治の東」とはどこか？　現在の紹興市の東、東支那海に面した寧波市あたりとなろう。寧波市が「會稽東治の東」とされたのは、当時湊町であったが具体的な名称をもっていなかったためと思われる。したがって、「万二千余里」は帯方郡から呉あるいは晋帝国の会稽郡の東部海浜あたりまでの距離を表しているとすべきなのだ。

さらに、「會稽東治の東」つまり現在の紹興市の東部にある寧波市を出して、距離的に「倭女王国の所在地に当たる所」としたのには、晋王朝の皇帝や廷臣にはよく知られた事件があったからでもある。

二八〇年に西晋により滅ぼされた呉では、孫権は長江（揚子江）流域に国を建てた。人口の少ない地域であり、兵力の増大強化は孫権の宿願であった。そこで、黄龍二年（二三〇年）、孫権は兵員の徴集のため、将軍の衛温と諸葛直を遣わし、甲士一万人を将〈ひき〉いて夷洲及び亶洲〈たんしゅう〉を海中に求めさせた。しかし、亶洲は所在絶縁で、到ることができなかった。かわりに、夷洲（台湾？）

から数千人を連れ帰った（『三国志』呉書呉主伝第二　孫権条）。この「人狩り」ともいえる船団の基地が「会稽郡の東部」の湊と推察される。

また、前年の黄龍元年には、孫権の使いが、遼東の公孫淵のもとに派遣され、同盟の密約を結んでいる（「使校尉張剛管篤之遼東」）。その後も孫権と公孫淵との間で遣使のやりとりがあった。また、一時的にしろ、高句麗も魏の侵略を避けるため孫権と同盟を結んでいた（『三国史記』高句麗本紀東川王条）。当然、遣使は、魏の領域は避けなければならず、「會稽郡の東部」の湊から帯方郡（公孫氏の植民地）経由で往来していたと思われる。すなわち、「万二千余里」は、呉の会稽郡の東部の湊（現在の寧波市あるいは上海市）から帯方郡に至る距離であったといえる。「南船北馬」という通り、華南にある呉では造船・航海術が発達しており、この「万二千余里」は、呉の水夫が割り出した距離と想定することができよう。それを、陳寿が帯方郡から女王国に至る距離として借用したと、私は考える。

『三国志』を著した陳寿は、もとは蜀漢に書司と仕えており、蜀漢滅亡後（二六三年）に西晋の武帝（司馬炎）に仕えた。孫呉は一時蜀漢と同盟関係にあったことから蜀漢の時代に、あるいは孫呉滅亡後（二八〇年）に、陳寿は、呉の廷臣からおおくの情報を得ていたと考えられ、**「会稽郡の東部の湊から帯方郡にいたる距**

離が万二千余里である」ことも、情報として得ていたことは十分にありえる。

呉を滅ぼして国を統一した晋王朝の皇帝や廷臣には、「会稽東治の東」（＝紹興市の東部の湊）はよく知る所であったとしたい。

以上論考したように「**万二千余里」は、二四〇年に魏の返礼使団が実際にたどった里程を表したものではない**のだ。

＊ 話はそれるが、魏の冊封体制に入った女王卑弥呼に対して二四七年頃より戦闘態勢に入った狗奴国〈くなこく〉の卑弥弓呼〈ひみここ〉が、呉と同盟を結んでいたという説（松本清張説、ほか）もあるが、全くの妄想であるといいたい。前述の亶洲は日本のこと解されている。呉の孫権は兵力の増大強化を宿願としており、同盟を結べば狗奴国から多数の人民の供出が強要され、魏との戦争で多大な犠牲をだしていたことは想像に難くない。それでは、女王国との戦闘（二四七〜二四八年）などなしえない。狗奴国が呉と同盟を結んだことは、絶対にありえないといえよう。孫権は、兵力の増大強化のため、平気で人狩りを命じるような人物であり、徴集した員数が少なかったとして、将軍の衛温と諸葛直を罰している。孫権は映画の「レッドクリフ、赤壁の戦い」でえがかれたような有徳の人物ではないのである。

補考　「會稽東治」は「会稽郡東治県」の誤記ではない

『後漢書』倭伝で、范曄は「其地大較在會稽東治之東　與朱崖儋耳相近　故其法俗多同」と記して、陳寿が記す「會稽東治」は、「会稽郡東治県」の誤認識であるかのように表す。多くの先学は、范曄の記述が正しいと評価している。しかし、「會稽東治」は、決して福建省の旧会稽郡東治県（現在の福州市あたり）ではない。ここには、夏帝の少康の庶子に関する古事の伝承はないからである。

『三国志』呉書に、「建安元年　孫策臨郡　察齊孝廉　時王朗奔東治」（建安元年、一九五年、孫策が會稽郡の太守に赴任すると、前太守の王朗は東治〈とうや〉に逃げた。）（『呉書』賀齊全琮呂拠伝）とあり、會稽太守の王朗が逃げた「東治」は「会稽郡東治県」（現在の福建省福州市あたり）のこととされる。これと類似の話が「孫策伝」にあり、孫策が會稽に拠点を置いて、呉の豪族厳白虎に率いられた反乱分子を攻め破った状況を「據會稽　屠東治　乃攻破虎等」と記す。ここにある「屠東治」（東治で敵を打ち負かす）の「東治」も「会稽郡東治県」であろう。

陳寿は、韋昭（揚州丹陽郡出身）の著した『呉書』を参考にしたとはいえ、「東治」の地理を理解していたことは明らかで、「會稽東治」は決して、范曄が考えたような「東治県」の誤記ではないのだ。

また、「計其道里當在會稽東治之東」の解釈で、洛陽から福建省の旧会稽郡東治県（福州市あたり）までの距離こそが、倭地の「周旋五千余里」に相当するとする奥野正男説もまちがいである。氏の考える「一里」はいったい「何㎞」であるのか？

第九章　「計其道里當在會稽東治之東」と邪馬台国在畿内説

一方、「計其道里當在會稽東治之東」を、先学は、旧会稽郡東冶県の**東方海域**に日本列島が在ると、陳寿は理解していたと説く。この学説は邪馬台国在畿内説の傍証となっている（三品彰英、室賀信夫、肥後和雄らの説）。この畿内説に都合良く取り込まれたのが、京都の龍谷大学所蔵の「混一疆理歴代国都之図〈こんいつきょうりれきだいこくとのず〉」に描かれた日本地図である（図1－11）。なんと、その地図にある日本地図は、朝鮮半島の南に、九州島を北にして、本州島が南に延びており、その本州島は旧会稽郡

龍谷大学大宮図書館所蔵
https://www.ryukoku.ac.jp/about/pr/publications/60/11_treasure/treasure.htm

図 1-11　混一疆理歴代国都之図
（こんいつきょうりれきだいこくとのず）

東治県（福建省福州市）の**東方海域**、つまり、奄美大島から沖縄島の南海域に位置しているのである。しかも本州島の現在の奈良か京都あたりに「都」の標をつけているのである。「**南**至邪馬台国女王之所都**水行十日陸行一月**」を信奉する邪馬台国在畿内説論者にはうってつけの物証とされ、学説に引用された（直木孝次郎、藤田生大、およびその他援用学者　＊奥野正雄『邪馬台国はここだ』所収）。さらには、邪馬台国在出雲説にも利用された。

ところが、この地図には奥付があり、おおよそ次のようなことが書かれていた（龍谷の至宝「混一疆理歴代国都之図」Web）。

李氏朝鮮時代、朝鮮使として明に派遣された金士衡という官僚が、一三九九年に二種類の地図を国へ持ち帰った。それは李沢民の『声教広被図』と、仏僧である清濬〈せいしゅん〉の『混一疆理図』であった。それらを合わせ、さらに朝鮮と日本を描き加えたものが「混一疆理歴代国都之図」（一四〇二年完成）である。地図作成時に、李氏朝鮮の廷臣である権近が、「行基図」を不用意に挿入してしまった（そのため九〇度傾いた日本地図になっている）。

「行基図」は、西を上方にして描かれた日本を具体的に書き表した最古の地図とされる。したがって、龍谷大学所蔵の地図に描かれた日本地図は、明らかに偽地図といわざるをえない。

　また、一九八八年には、長崎県島原市本光寺で同じ「混一疆理歴代国都之図」が発見された。この本光寺図は、江戸時代に日本で複写されたとされ、この地図では日本地図（「行基図」）は、東西方向に描かれている。この地図も、「南至邪馬台国女王之所都水行十日陸行一月」を、「南を東に読み替える」邪馬台国在畿内説の証拠とすることもあるようである。


　本論にもどろう。『三国志』では、海上の島を、「倭人在帯方東南**大海之中**」、「倭地絶**在海中**」、「亶洲**在海中**」と、必ず「**在海中**」と著す。しかし、「在會稽東治之東」の末尾に「海中」が続かない。『後漢書』や『晋書』、『梁書』の記述も同様であり、**「會稽東治之東」を日本列島の位置する海域と認識していない**のは明らかである。海上にあることを示す肝心要の「**海中**」の記述の有無を見落とす先学の目は節穴か？　また、『三国志』呉書呉主伝第二孫権条に記されたように、「会稽東県の東**海中**」を探索しても、亶洲（日本あるいは九州島）を探し当てることができなかったではないか。会稽東治の**東方海域に日本列島は存在しないのである。**

　付け加えれば、海上の島の存在を「**在海中**」と著すことは、八世紀に編纂された風土記にもみえる（「値嘉郷、在郡西南**海之中**」『肥前國風土記』）。

文系の先学は、本当に古書などを熟読して論拠を得て、自説（会稽東治の東方海域に日本列島が存在）を主張しているのであろうか、と疑問に思う。

「混一疆理歴代国都之図」の原画は元代に作られたようであるが、どうして、明代に作成された「混一疆理歴代国都之図」が、魏代の地理観を表象していると考えられるのであろうか？　前述の文系学者の、自説への都合良い援用ではないか？　必要な史書を熟読せずに浅薄な学説をとなえ、なにか新しいものが見つかると、精査することなく自説に短絡的に援用する文系の学者・研究者の学究姿勢、また高名ゆえにその人の話や学説を無条件に援用する文系の学者・研究者の性癖、いずれも、理系学者である私には理解できない。さすがに、平成の御世では、この地図を邪馬台国在畿内説の証拠とする学者・研究者はいないであろうと思うが・・。

第十章 「南至投馬國水行二十日」

それでは、投馬国はどこと見るか？ 「南至投馬國水行二十日」では、投馬国は相当に遠方であり、魏使は壱岐島から投馬国は見る事ができないので、邪馬台国同様、里程は無いのである。魏使は、帯方郡あるいは伊都国に滞在する郡官吏から聴取して投馬国の情報を得たとしたい。陳寿は、邪馬台国につぐ国勢の記録がある投馬国も「使譯所通三十國」の一国と判断したのだろう。それで、邪馬台国の前に投馬国を「(帯方郡から) 南至投馬國水行二十日」と紹介したのである。道里と方位の記述が無い邪馬台国と同じ表記である。私は、投馬国を出雲国とする(「女王國東渡海千餘里　復有國　皆倭種」)。帯方郡から伊都国経由で出雲に至れば、旅程は水行二十日ほどとなる(伊都国までの水行十日の二倍)。あるいは、沖ノ島経由で出雲に到っても、旅程の水行二十日は合理的である。以上述べたように、壱岐島から見えない投馬国と邪馬台国への行程表現は、玄界灘沿岸部の国々とは異なると理解すべきなのだ。

「帯方郡から南」して邪馬台国および出雲国に至る表記である「南至邪馬壹國

女王之所都」あるいは「南至投馬國」であるが、前述したように日本人（倭人）の航海を借用したとすることが合理的である。ここに「南至」とだけしか記していないのは、帯方郡から南下したあと、どのような航路を日本人がとっていたのかを、魏使は明確に把握できなかったためと判断される。おそらく、航路は複数あったのであろう。

第十一章　『魏志』倭人伝の一箇の誤植を了解すれば、邪馬台国に確実に到れる

私は、先学を直接非難することを好まないが、同じく「卑弥呼の都が吉野ヶ里丘陵に在った」とする奥野正男氏の解釈（『邪馬台国はここだ』梓書院２０１０年）では絶対に邪馬台国に到ることはできないと主張したい。その理由は、「南至投馬國水行二十日」、「南至邪馬壹國女王之所都水行十日陸行一月」およぴ「自郡至女王國萬二千餘里」の解釈である。氏は投馬国を遠賀川流域か豊前あるいは宇佐と解く。帯方郡から末盧国まで水行十日で一万里費やしているので、残りの水行十日での里程も一万里になる。他方、帯方郡から「邪馬壹（臺）国」に至る場合、水行十日で到る伊都国を中継点にして、そこから女王国に至る千五百里に一月を費やすとする。であるならば、水行十日で一万里の里程に対して、陸行千五百里に一月を費やすことは、はたして合理的であるといえるのか？「邪馬壹(臺)国」に至る旅程の水行十日の到着地は伊都国に置きながら、どうして、投馬国に至る時だけ旅程の中継点を末盧国に置くのか？　氏の旅程の解釈は、「は

じめに吉野ヶ里ありき」で、そこに到るために、陳寿の記す里程と方位を付会しているように、私には思える。

『魏志』倭人伝の版本には、對海國（対馬國）、度（渡）、一大國（一支國）、景初二年（景初三年）、難升米（難斗米）、女三國（女王國）、丈身（文身）などど、よく似た字への誤字・誤植があることを鑑みれば、「**一月**」**が**「**一日**」**の誤字・誤植である**と了解することとするは合理的といえるではないか。そうすれば、私が主張するように糸島市から徒歩一日で背振山を越えて吉野ヶ里丘陵に至ることは、決して不合理ではない。女王国が在った吉野ヶ里丘陵に到るのに、『魏志』倭人伝の記述に十箇所もの方位修正を強いる奥野正男氏の論考よりも、ただ一箇所の誤字・誤植を了解するだけの私の論考の方が理にかなっていることは自明であろう。

おわりに

これまで高名な先学が、邪馬台国はどこにでも比定できるとか、魏里は短里であるとか（邪馬台国在九州説）、南を東に読み替えるとか（邪馬台国在畿内説）、邪馬台国までの国々の道里を順次足していくとか（在畿内説）、伊都国から放射状に読むとか（在九州説）、いろいろ主張してきた。しかし、そのような操作を『魏志』倭人伝は全く必要としないのだ。『魏志』倭人伝は、正しく倭国（九州島）の末盧国、伊都国、奴国、不弥国そして女王国（邪馬台国）の位置を記述しているのである。あたりまえのことであるが、『魏志』倭人伝は魏使が到った女王国について記述しているのであるから、『魏志』倭人伝を委細に検討すれば、女王国、すなわち邪馬台国の位置が特定できるのは当然のことといえよう。

女王卑弥呼の都は吉野ヶ里丘陵にあった。そして、女王の都の両翼におおくの環濠集落が営まれる背振山地南山麓の丘陵地が、邪馬臺国であったのだ。

参考文献

『後漢書』倭伝　日中韓・三国通史　堀貞雄　Web
『三国志』魏書倭人伝　日中韓・三国通史　堀貞雄　Web
『三国志』呉書呉主伝　三国志修正計画　いづな　Web
『三国志』魏書馬韓伝　日中韓・三国通史　堀貞雄　Web
『宋書』倭国伝　日中韓・三国通史　堀貞雄　Web
『梁書』倭国伝　日中韓・三国通史　堀貞雄　Web
『隋書』俀国伝　日中韓・三国通史　堀貞雄　Web
『北史』俀国伝　日中韓・三国通史　堀貞雄　Web　＊堀貞雄氏の
ホームページは閉鎖している。閉鎖前にセーブしたものを利用。
『通典』邊防東夷上・倭國　漢籍の書棚　ALEX の書斎　Web
「魏志倭人伝をそのまま読む」
http://himiko-y.com/scrp3/wajinden.htm
『日本書紀』原文　藤田隆一　Web

「侏儒国」、「黒歯国」はほんとうにあったのか　邪馬台国大研究
井上筑前　Web
古代史レポート　塚田敬章　Web
龍谷の至宝「混一疆理歴代国都之図」　Web
亜鉛　Web（イランのある村の大人の平均身長130cmの低身長症の原因が亜鉛欠乏症であったとする記事がある）
「周旋」の新解釈と畿内説の不成立　伊藤雅文　Web
『邪馬台國と日向』　石川恒太郎　日向文化研究所　昭和四十七年
『古代史疑』　松本清張　中央公論社　昭和４９年
『邪馬台国』　日本古代史の旅　３　和歌森太郎・奈良本辰也・児玉幸多　小学館　昭和五〇年
『最新　邪馬台国論争』　安本美典　産能大学出版部　1997年
『邪馬台国はここだ』　奥野正男　梓書院　2010年
『日向国の神々の聖蹟巡礼』　宮﨑照雄　スピリチュアルひむか観光協議会　2017年

『神話となった日向の巨大古墳』 北郷泰道 鉱脈社 2017年
「南九州地域における古墳時代人骨の人類学的研究」 松下孝幸 『長崎大学学報』 1991年
「草書体で解く邪馬台国の謎」 井上悦文 『季刊 邪馬台国』 125号 梓書院 2015年
「佐賀平野の拠点集落 弥生時代後期の吉野ヶ里遺跡の様相と周辺遺跡の動向」 細川金也 『季刊 邪馬台国』 130号 梓書院 2016年
通説はウィキペディアを参照
＊参照したWebのホームページは、閉鎖・移動があったりする。煩雑さを避けるためにURLの銘記は、必要なもの以外は省略した。

巻二　「卑彌呼以死」を考える

はじめに

『魏志』倭人伝は、「倭女王卑彌呼與狗奴國男王卑彌弓呼素不和」と記し、女王卑弥呼と狗奴国〈くなこく〉の男王卑弥弓呼〈ひみここ〉は、「素より不和」であり、正始八年には両者が戦闘状態に入ったとする。その後、「卑彌呼以死」と記し、卑弥呼の死を伝える。これまで、女王卑弥呼の死に関する考察は多数あるが、どれも的確なものとはほど遠いと、私は判断した。女王卑弥呼の死を考えるにあたり、まずなぜ、女王卑弥呼と狗奴国の男王卑弥弓呼が「素より不和」であったのか？　それを知るには、二人の関係性を明らかにする必要がある。そのためには、後漢光武帝の時代まで遡って論考しなければならないことになる。

『魏志』倭人伝前期ともいえる時代を記紀神話も動員して論考し、「卑弥呼の死」の実像にせまってみたい。

第一章　建武中元二年の倭奴国王の朝賀

（一）金印「漢委奴國王」の「委奴」の訓みかたを考える

『後漢書』倭伝は「建武中元二年　倭奴國　奉貢朝賀　使人自称大夫　倭國之極南界也　光武賜以印綬」（建武中元二年、倭奴国、貢を奉じて朝賀す。使人自ら大夫と称す。倭国の極南の界なり。光武、印綬を以て賜う）と記す。この建武中元二年（五七年）に光武帝が下賜した金印が、後世、江戸時代に福岡県福岡市東区志賀島叶ノ浜あたりで「一巨石の下に三石周囲して匣の形をした中」から発掘された「漢委奴國王」の金印とされている（図2-1）。印文の読みは、明治時代（二五年）、元紀州藩士の三宅米吉により「漢の委〈わ〉の奴〈な〉の国王」と解され、この読みが通説になっている。これは、『魏志』倭人伝に登場する奴国〈なこく〉が古代の儺県〈なのあがた〉、いまの福岡平野に比定されたことに基づくとされている。だがしかし、**『魏志』倭人伝に登場する奴国が、紀元五七年にはたして実在したのであろうか？**

ではなぜ金印が志賀島に、秘匿されるように埋納されたのか？　この問題を解くには、金印の印文の訓みが重要になってくる。前述の『後漢書』倭伝（宋　四三二年）では、金印を「倭奴國王」に下賜したように読み取れる。『舊唐書』倭国・日本国伝（後晋　九四五年）は、「倭國者　古**倭奴國**也」と記す（＊舊は旧の古字）。『新唐書』日本伝（北宋　一〇六〇年）は「日本　古**倭奴**也」とし、『宋史』日本国伝や『元史』日本伝もこれに倣っている。総合的に考えると、華夏歴代の王朝では、「倭奴国」は「倭国」あるいは「日本国」を表徴する国号と認識していたといえる。であるならば、三宅米吉の訓〈よ〉みに従った「倭国はいにしえの**倭の奴国**なり」、または「日本は古の**倭の奴**なり」との解読では意味をなさない。金印は「漢委奴國王」と刻しており、印文は「漢の委奴國王」（王朝名＋国名＋称号）と解読すべきであり、「委奴国王」の大夫（大臣）が光武帝に奉貢朝賀（新年祝賀の

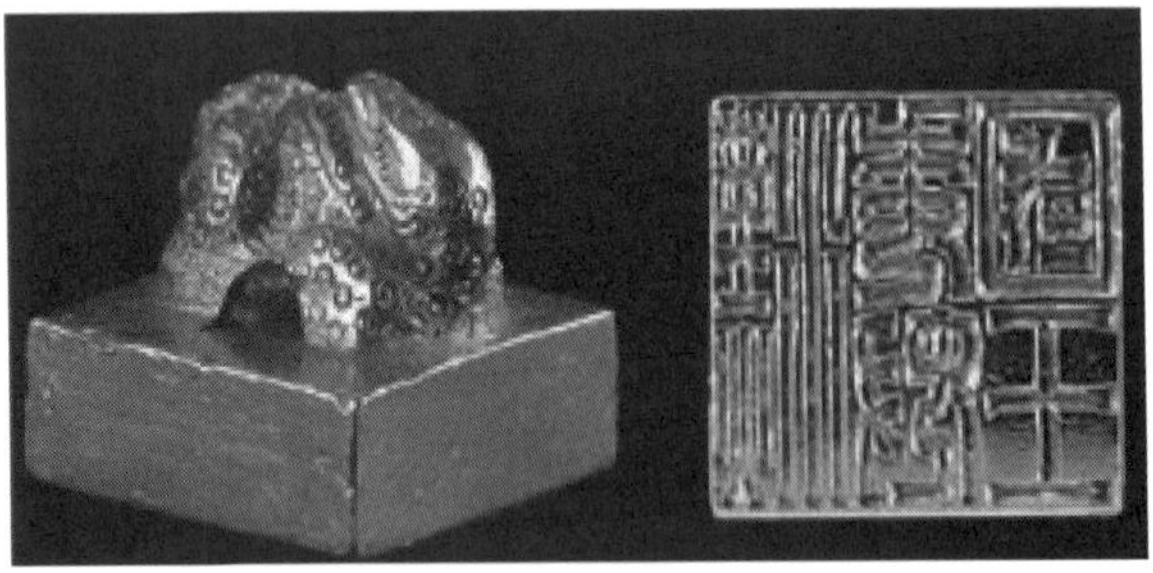

図 2-1「漢委奴国王」金印　　福岡県立博物館蔵

ため貢ぎ物を持って朝貢）したことで下賜されたとするのが妥当である。

では、「委奴国」あるいは「倭奴国」はどのように訓むのであろうか？　そのてがかりは、『山海経』第十二　海内北經（紀元前後成立）の一条にある。

「蓋國在鉅燕　南倭北倭屬燕」（蓋国は鉅燕に在り、南倭と北倭は燕に属す）。

他の訓み下しもあるが、私は採用しない。これが、華夏の史書における「倭」の初出である。

この条は、紀元前二八五～二二二年ころ、遼西地方にあった燕国（都は薊、今の北京付近）が遼東地域に大きく版図を拡大して鉅燕〈くえん〉（司馬遷の『史記』では全燕）、つまり大燕国になったとき、蓋国〈がいこく〉（現在の北朝鮮の領域）を領土下に置いたため、南倭（現在の韓国の領域）が燕国と地続きになった。そのため、南倭にいた日本人と北倭（九州島北部）にいた日本人が燕王朝に朝貢するようになったことを表している。この解釈は、凹面鏡である多鈕細文鏡の分布と発展から実証できるが、ここではその詳細は省略する。

「燕に属す」とは、「燕の属国になり、朝貢する」ことを意味する。時は、群雄割拠の戦国時代である。鉅燕が南倭と地続きになった時、戦うことなく燕に帰順し、朝貢してきた日本人を、燕王朝は「従順で小柄」と認識し、「倭」と表したと、私は判断する。旁の「委」は「従順」を意味するからである。そして、「委」と「倭」の漢音は〔yi ゐ〕である（藤堂明保編「学研漢和大字典」学習研究社）。これ以降、華夏人は、日本人を「倭人〈ゐじん〉」そして「倭人」の居住地・領土を「倭〈ゐ〉」あるいは「倭国〈ゐこく〉」と呼ぶようになったのであろうと、私は考える。

『漢書』地理志燕地条（後漢　班固　七五～八八年）は、次のように記す。

「然東夷天性柔順　異於三方之外　故孔子悼道不行　設浮於海欲居九夷　有以也　夫樂浪海中有倭人　分爲百餘國　以歳時來獻見云」（しかるに、東夷の天性は柔順、東夷以外の外部民族と異なる。故に孔子は道の行なわれざるを悼〈お〉しみ、浮〈いかだ〉を海に設け、九夷に行って住みたいと欲した。ゆえ有るかな。楽浪海中に倭人あり。分かれて百余国をなす。歳時を以て来たりて献見するという。）

文中の九夷は東夷にあり、倭国のことであると読み取れる。班固は、『論語』の「子欲居九夷　或曰陋如之何　子曰　君子居之　何陋之有」と「子曰　道不行　乗桴浮于海」を引用して、孔子（紀元前五五二～四七九年）も日本人を天性柔順と理解していたらしく（？）、「いかだ（浮＝桴）に乗って行って住みたいと思った」

のは宜なるかなとしている。燕以後、華夏の王朝では、朝貢する日本人を天性従順と認識し、「倭人〈ゐじん〉」と称する習になったと、私は考える。

それにたいして、古代日本人は、自分自身をどのように呼んでいたのであろうか？『記・紀』のなかの会話と歌謡、および『万葉集』を検索すると、古代日本人は、自分を示す一人称を「和禮・吾・倭例〈われ〉、阿・吾・僕〈あ〉」、所有格を「和何・和賀・和餓・倭我・吾・我〈わが〉」と発音していた。このように「わ」の発音には、上古では「和」が借字とされたが、雄略帝紀以降の歌謡に「倭我」と「倭例」が出現して、「倭」が用いられるようになった。専門的な知識はないが、雄略帝紀から『日本書紀』の執筆者が替わったのであろうか？それとも、雄略帝の頃に「倭」が呉音である「わ」と発音されるようになったことが反映されているのであろうか？倭語〈やまとことば〉は、一字一音であるので、「わが」を「倭我」として表すことは当然であるが、「我」だけで「わが」と発音できるので「倭」は衍字〈えんじ〉とみえなくはない。いずれにしても、これらの一人称の発音を聞いたことで、華夏人が日本人を「わ（倭）」と呼んだとする説は古くからあり、最近では井沢元彦が主張する（井沢元彦『逆説の日本史』1 古代

黎明編　小学館　２００１年)。往時、「わ」と発音する漢字は多数あったであろう。そのなかで日本人が悪字ときらった「倭」をわざわざ借字にして、日本語の一人称および日本人に当てたとすることは、妥当であろうか？　このことを主張する文筆家の論考は、少々「逆説」過ぎるのではないか。

それでは、金印が刻する「委奴國」と『後漢書』倭伝が記す「倭奴國」はどのように読み、理解すればよいであろうか？　「奴」の上古漢音（魏・晋代含む）は〔nagな〕（藤堂明保編「学研漢和大字典」学習研究社）であり、「人」の卑字である。したがって、「委奴」は、「ゐな」と訓み、意味は「従順な奴」となる。一方、「倭奴」は、「ゐな」と訓み、意味は「従順なチビ介」となる。いずれも、中華思想に凝り固まった、漢人の思考によるものと言えよう。

(二)「委奴國」・「倭奴國」は「伊那国」であるという私見

建武中元二年、光武帝に奉貢朝賀した「ゐな国王」は、自国を「委奴国」あるいは「倭奴国」と号したであろうか？　それはない。日本人自らが卑字を使って「委奴国」、「倭奴国」を号するはずがない。したがって、漢人が卑字で著した国名を色々いじくり廻して論考するのは時間の浪費である。

では、「いな」の日本語名は何であったのか？ **私は「伊那」を主張したい。**『OK辞典』（岡島正尚 Web）では、「伊」は、会意兼形声文字（人+尹）で、「横から見た人」の象形と「神聖な物を手にする」象形（「氏族の長」・「治める」の意）から、**「治める人」**となる。**「那」**は、会意文字で、「しなやかな村」・「美しい村」・「上品な村」である。つまり、**「治める人がいる美しい邑」という意味で、後漢王朝に対して「伊那」を名乗った**と、私は考えるのである。

倭語〈やまとことば〉の「いな」の音声情報を後漢王朝の官吏は、漢字の卑字を借字にして「委奴國」と金印に刻し、また、劉宋代には范曄が「倭奴國」と『後漢書』に著したといえよう。

その時代の日本人が漢語を理解していたかどうか？ 紀元前三世紀から華夏王朝に朝貢していた日本人である。一部の日本人は、十分に漢語を理解していたと、私は考える。その論拠は『後漢書』倭伝の「奉貢朝賀」と「使人自称大夫」にある。「朝賀」は「新年の祝賀」である。「伊那国王」と大夫達は、漢語が理解でき、後漢の暦を理解していたことがわかる。つまり、漢語を理解していなければ、暦が読めず、したがって正月（旧暦の春節）にあわせて「朝賀」できるわけがないではないか。光武帝に対して**「伊那国の大夫」**を名乗って「朝賀」したと、私は考える。

後漢王朝に朝賀して金印を下賜されるほどの国力があった「伊那国」の国名が『魏志』倭人伝にないのは、なぜであろうか？　詳細は後述するが、その後、「伊那国」は『魏志』倭人伝が表す「奴国」と「伊都国」に分離したのである。「伊」は伊都国に組み込まれ、「筑紫國之伊斗村」（仲哀天皇記）、「筑紫伊覩縣」・「伊蘇國」（仲哀天皇紀）に引き継がれた。他方、「那」は卑字を借字として「奴国」になり、那珂郡に引き継がれ、那津〈なのつ〉や那珂川（福岡市）になごりをとどめることになる。私は、「奴国」には、日本語表記として「那国」がふさわしいと考えている。

「委奴國」を先学はどのように訓んでいるのか？　本居宣長らは「イト国」、宮崎康平は「イネ国」、古田武彦らは「イド国」、水野祐は「ワナ国」等々と訓んでいる。ところが、地元の福岡藩士であった福本日南（本名、誠）は「ヰナ国」と訓んでいた（藤田友治　金印「漢委奴國」について　所収 Web）。福本日南は漢学を修め、辛亥革命（一九一一年）を主導した孫文を日本留学（亡命）中に援助をした人物である。また、朝鮮および清にも渡っている（福本日南　ウィキペディア）。その福本日南が明治時代に「キナ国」と訓んでいたのである。ところが、出典がどうにもわからない。福本誠が著した『筑前志』（明治三六年）に記載があるのであろうか？

いずれにしても、これらの先学達は、紀元五七年に日本に「奴国」と称する国が存在していたと認識していなかったことは確かなようである。ただし、安本美典は、最近の『季刊　邪馬台国』のなかで「金印奴国」といったわけのわからない国名を披露している。この造語は歴史の捏造にあたるのではないかと、私は危惧する。

前述の『後漢書』倭伝（東夷列伝）は記す。

「倭在韓東南大海中　依山島為居　凡百餘國　自武帝滅朝鮮　使驛通於漢者三十許國　國皆稱王　世世傳統」（倭は韓の東南、大海中の山島に拠って住む。およそ百余国。前漢の武帝が朝鮮を滅ぼしてより、漢に使訳を通じてくるのは三十国ほど。国では皆が王を称することが代々の伝統である。）

須玖岡本D遺跡（福岡県春日市）の甕棺墓は草葉文鏡二面を副葬していた。草葉文鏡は前漢中期に流行した鏡である。立岩遺跡（福岡県飯塚市）で発掘された甕棺墓には、前漢後期から流行した異体字銘帯鏡（連弧文銘帯鏡・重圏銘帯鏡など）の副葬が認められた。須玖岡本遺跡や立岩遺跡およびその周辺の首長は漢王朝へ、「△△王」と称して朝貢し、鏡を入手していたのであろう。「伊那（委奴）国」も前漢末には朝貢する三十許りの国の一国であったといえよう。

さらに、「其大倭王居邪馬臺國　樂浪郡徼去其國萬二千里」とつづけているが、楽浪郡（紀元前一〇八年〜紀元三一三年）の時代となる前漢時代から大倭王が居す邪馬臺國〈やまたいこく〉があったことを、意味するものではない。

＊　いまだに、五世紀頃、半島より来朝した漢人の王仁〈わに〉が千文字を伝えて、初めて日本人が漢字を知ったと信じる日本人や韓国人が居ることが実に嘆かわしい。

（三）　後漢王朝の金印下賜の条件

「漢委奴國王」金印の考察で新たにわかったことがある。後漢王朝が朝貢してきた檄外蛮夷〈げきがいばんい〉の国王に下賜した印綬の基準を見てみると、これまでの先学の学説（高倉洋彰「漢の印制から見た『漢委奴国王』蛇鈕金印」『季刊 邪馬台国』１２０号 梓書院 ２０１４年）をくつがえす事例がみつかったのである。

撣國（ビルマ）の雍由調王を例にとると、「和帝永元九年 撣國王雍由調遣使朝漢 奉献珍宝 和帝授予金印紫綬」とあり、雍由調王は珍宝を奉献したことで金印紫綬を下賜された。一方、「安帝永寧元年 撣國王雍由調復遣使者詣闕朝賀獻樂及幻人 能變化吐火 自支解易牛馬頭 又善跳丸數乃至千・・・・明年元會安帝作樂於庭 封雍王由調為『漢大都尉』賜印綬」とある。雍由調王が、腕の良い楽人と幻術士を献上して朝賀したときは、『漢大都尉』に叙されたが、金印ではなく銀印を下賜されたのである。この差は何を意味するのか？ それは、永元九年（九七年）に雍由調王は珍宝を奉献したことで金印紫綬を下賜されたが、永寧元年（一二〇年）に楽人と幻術使いといった生口の献上では、金印下賜に値しなかったのである。撣國王の事例から、漢王朝の金印下賜の判断基準は、方物の「珍宝・珍奇性」にあるといえるのだ。永元九年、撣國王が奉献した珍宝は、前述したように、漢人が宝として珍重する「玉〈ぎょく〉」つまり緑色の硬玉であったとしたい。現ミャンマーは翡翠の産地であるからである。

このように、下賜する印綬の種類は、決して、朝貢した人物の地位や領土の広さとか、漢王朝への貢献度などが、判断基準ではないことがわかる。ちなみに、韓国の部族長には銅印しか下賜されなかった。文化度が低く、「珍物」となる特産品を方物にできなかったからである（「不以金銀錦繍為珍」『三国志』魏書馬韓伝）。

それでは、撣國王と同じ朝賀で金印紫綬が下賜された「伊那（委奴）国王」の方物は、何であったのか？　それは「倭国の極南界」が産する「珍宝」であった（何かな？）。

第二章　志賀島における金印秘匿の謎をとく

それでは、なぜ、「伊那（委奴）国」が消滅し、奴国版図に比定される志賀島〈しかのしま〉に金印が埋納あるいは秘匿されたのであろうか？　以下、私の論考を記す。

紀元五七年、「伊那（委奴）国」の大夫が朝賀を終えて、「伊那（委奴）国王」が倭地百余国の「王」に後漢王朝から叙任され、金印が伊那国にもたらされた結果、伊那国に内紛が勃発した。伊那国は、もとは、「始原奴国（後に奴国とよばれる地域）」と「始原伊都国（後に伊都国になる地域）」を版図〈はんと〉とする国であった。そのうちの「始原伊都国」の権力者は、後漢王朝による王位叙任を「始原奴国」の首長でもあった伊那国王に出し抜かれてしまったと考えた。そして、両者の間に覇権争いが勃発した。「始原伊都国」の権力者は周辺の邑長〈むらおさ〉を味方に引き入れて、伊那国王を攻撃した。結果、伊那国王は国民が戦闘に巻き込まれることをおそれ、伊那国王一族および高官達は金印を志賀島に秘匿して、遠処に逃れた。「始原伊都国」側の軍隊に捕縛されれば、金印の所在地の自白を迫られるからである。このようにして、金印が志賀島に秘匿され、「始原伊都国」の権力者に奪われるのを防いだ。その後、伊那国は、『魏志』倭人伝が記す「奴国」と「伊都国」に分離してそれぞれが独立した国になった。これが、金印秘匿に関する事の顛末であると、私は考える。

では、なぜ、金印が志賀島に秘匿されたのか？ さかのぼれば、前漢の時代から、日本人は、楽浪郡あるいは郡を経由して洛陽の王朝に朝貢していた（「楽浪海中に倭人あり。分かれて百余国をなす。歳時を以て来たりて献見する」）。朝貢だけではなく、銅剣・銅矛・銅鏡を製造するための原材料の商いのためにも大陸に渡っていたことは、九州島の諸地域での弥生時代の出土遺物を見れば当然のことといえよう。九州島から、楽浪郡に到るため、あるいは郡を経由して漢土に渡るためには、船と操船する海人〈あま〉が必要である。その海人の豪族が、筑前国糟屋郡阿曇郷（旧福岡県粕屋郡新宮町と志賀島）に拠点をもっていた阿曇連〈あづみのむらじ〉である。伊那国王は、光武帝への朝賀に出向く大夫たちを乗せた船を操船した阿曇族に、拠点とする志賀島に金印を秘匿して、護らせたのである（図2－2）。恐らく、阿曇族の守護神である綿津見神〈わたつみのかみ〉を祭る

図 2-2　福岡市志賀島の志賀海神社

祠を建てて目印としたのであろうが、創建当時の祠は地震津波で流され、また、神功皇后の時代以降に阿曇族の勢力の衰退もあり、金印秘匿の場所は人々の記憶から消失したとしたい。

それでは、伊那国王一族および高官達が逃れた処はどこであったのか？　その地こそ「倭国の極南界」であったのだ（詳細は自書にあります『日向国の神々の聖蹟巡礼』スピリチュアルひむか観光協議会　２０１７年）。

第三章　「倭國亂相攻伐歴年　乃共立一女子爲王名曰卑彌呼」

（一）　伊都国の勃興

伊都国比定域の糸島市の東部にある三雲南小路遺跡には前漢鏡など多くの副葬品を持つ厚葬の甕棺墓が、二基検出されている。この二基の甕棺墓は副葬品から夫婦の墓とも考えられている。一号甕棺墓の被葬者こそ、「伊那（委奴）国王」と戦って勝利した権力者と見てよいのではないか。そして、副葬の多数の前漢鏡（連弧文銘帯鏡は前漢末期に流行）や玻璃璧（ガラス製の璧）は、戦利品であったとしたい。玻璃璧は、量産が可能で玉璧ほど珍重されず、朝貢に対する下賜品として用いられたのではないか。「伊那（委奴）国王」に下賜されたものであったのであろう。いずれにしても伊都国の人々はかなりの鏡好きであったことが窺える。

他方、奴国域には後漢鏡を副葬した厚葬墓は見られなくなり、考古学的にも、奴国の権勢が衰退したことが裏付けられる。

その後、奴国と伊都国の周辺の邑々も国としての体勢を整える様になった。伊都国は近隣の国々に勢力を及ぼすとともに従属させ、文字通り倭国の都となり代々王を輩出した。一〇七年に伊都国王の帥升〈すいしょう〉は「倭国王」を名乗り、後漢の安帝に朝貢して生口百六十人を献上し、「倭国王」の叙任を請願した（「安帝永初元年　倭國王帥升等獻生口百六十人願請見」『後漢書』倭伝）。

「倭国王」を称する帥升が後漢安帝への朝貢の際、方物とした生口百六十人は、慰安婦や奴隷ではない。慰安婦や奴隷などは、後漢の朝庭には有り余るほどいたであろう。献上された生口は、奴国域から選抜された有能な技術者と考えたい。しかし、安帝の王朝では高級な方物として評価されなかったようで、帥升の「倭国王」叙任を示す印綬の下賜はなかった。帥升あるいはその遺使は、多数の後漢鏡を得て帰国したのであろう。井原鑓溝〈いはらやりみぞ〉遺跡でみつかった多数の後漢鏡（方格規矩四神鏡など）を副葬した甕棺墓の主こそ帥升であると、私は推察する。

伊都国の歴代の王は、背後にある背振山地の南側に広がる筑後川流域平野に目を付け、在地の邑々を従属させるとともに、水稲農耕を盛んにした。背振山地は玄界灘からの強風・寒風を遮り、南側に広がる丘陵地は冬でも温暖で、豊富な水の供給があり、伊都国よりも人々が居住するには好適であった。そのため、人口

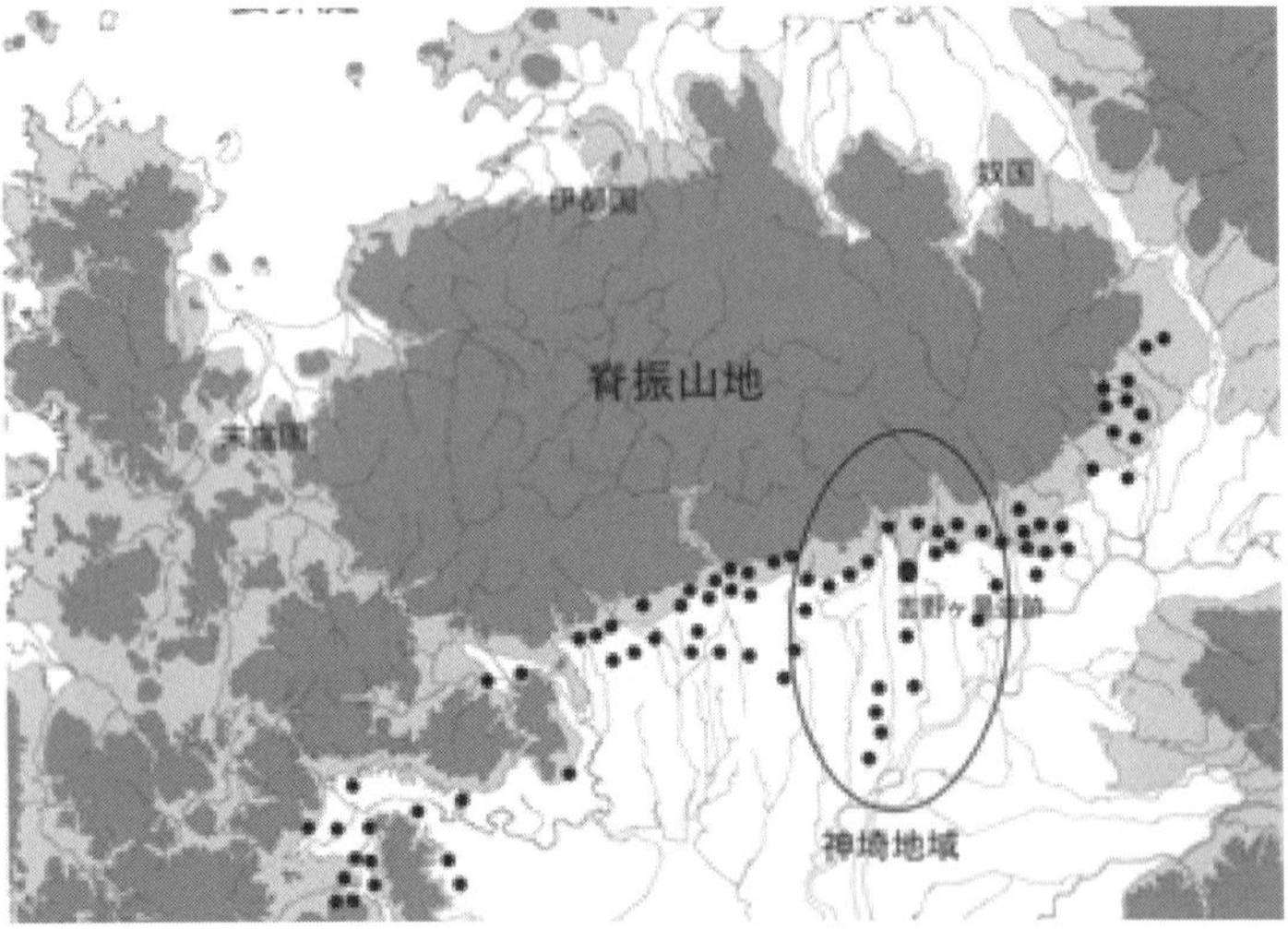

図 2-3 背振山地南丘陵（山臺）における弥生時代の遺跡

佐賀県立博物館 細川金也氏提供

も増加し、丘陵地にはおおくの環濠集落が築かれた。そのなかの吉野ヶ里遺跡からは二千基以上の甕棺墓が発掘されている。甕棺墓は弥生時代中期の墓制とされることから、伊都国は、「伊那（委奴）国」から分離独立した直後くらいから、吉野ヶ里丘陵の開発を進めていたようにみえる（図2－3）。環濠は、福岡平野に拠点を置く奴国の襲撃から防御する目的をもって築かれたものと考えられる。

福岡平野と筑紫平野とをつなぐ二日市構造谷（筑紫コリドー）に臨む筑紫野市にある永岡遺跡、隈・西小田遺跡（弥生時代中期？）からは、合計約四百八十体の遺骨を入れた甕棺墓などの墓が発掘されている。そのなかの大人の遺骨には青銅器の切っ先が突き刺さっていたり、頭を割られていたり、首がなかったり、あるいは首だけだったりと、無残な「戦死者」がとにかく多い（隈・西小田遺跡 Web）。戦場がこのあたりにあり、戦死者を弔った墓地遺跡ではないだろうか？　弥生中期に農耕が盛んになると、邑々の間に勢力差が生じ、武力衝突が起こるようになったことが窺える。

（二）鉅奴国の誕生と倭国大乱

一方、多数の技術者を引き抜かれた奴国では、伊都国の輩出する王を戴くことを不満に思う勢力が生まれた。その集団は、奴国を離れ、現在の熊本県の菊池川流域の平野に移り、「鉅奴国〈くなこく〉」（『魏志』倭人伝が記す「狗奴国〈くなこく〉」）を興した。『魏志』の記述では、徼外蛮夷〈げきがいばんい〉の国の名や人名には卑字が当てられている。当然「狗」も卑字で、「食肉用の犬」を意味する（いわゆる「羊頭狗肉」の「狗」である）。私は、この「狗」は「鉅」の卑字であると考える。前述したように「鉅燕」は「大燕」という意味で、大きく国土を拡大した燕国ということである。燕国の時代（紀元前二八五〜二二二年）、既に九州島と半島の日本人は燕国と交渉をもっていた。この時、日本人は、「大」・「巨大」を「鉅〈く〉」と表すことを知ったとしたい。後漢王朝に朝貢し、漢語の素養を持つ奴国人の分国が、「大奴国」として「鉅奴国」を唱えても不合理ではないであろう。鉅奴国＝狗奴国では、青銅器だけではなく、阿曇族の海人が弁辰から移入した鉄鋌や、現地に産する褐鉄鉱〈かってっこう〉から製鉄した鉄を用いて農具や武器を製造し、稲作を盛んにして国力を増大させた。

その後、国力をつけた鉅奴国(狗奴国)は伊都国と倭国の覇権を争うことになる。

『魏志』倭人伝は記す。

「其國本亦以男子爲王住七八十年　倭國亂　相攻伐歴年」(倭国もまた元々男子を王として七、八十年を経ていた。倭国は乱れ、何年も攻め合った。)

『後漢書』巻八五東夷列伝第七五は記す。

「桓靈間　倭國大亂　更相攻伐　歴年無主」(桓帝・霊帝の間、倭国大いに乱れ、更に相攻伐し、歴年主なし。)

いわゆる「倭国大乱」である。乱の期間は、倭王帥升が安帝に朝貢した一〇七年から七、八十年たった一九〇年の前数年となろう。霊帝の在位(光和)は一六八

～一八九年であり、結果として、霊帝の時代に「倭国大乱」があったとできる。「桓霊」の「桓」は、語調を整えるために添えられた衍字としたい。また、『梁書』倭国伝は、「漢靈帝光和中　倭國亂相攻伐歴年」と記し、倭国の乱は、ずばり、霊帝の在位中の事としている。

倭国大乱とは、一九〇年前数年間に行われた伊都国陣営と鉅奴国（狗奴国）陣営の戦闘と判断したい。決して、幾千万の軍衆を動員しての大戦争でもなければ、日本列島の邑々を巻き込む戦闘でもないのである。

弥生時代中・後期ころ、九州島を除く日本各地に高地性集落が営まれていた。この高地性集落の形成を倭国大乱に結び付ける学説（小野忠熈説）があるが、これには無理がある。倭国大乱を鎮めるために卑弥呼が女王に共立されたことになっている。そうであるならば、全国の高地性集落の邑長は、卑弥呼を知っていなければならない。その可能性はない。絶対にない。したがって、高地性集落は、倭国大乱とは関係が無いとすべきである。

＊　褐鉄鉱（湖沼における鉄バクテリアの代謝生成物）を用いた製鉄であるが、山内祐子の実験では、七輪で送風しておこした炭火（約一二〇〇℃）に褐鉄鉱を

投入して加熱する方法で、五〇〇グラムの鉱石から約三〇グラムの海綿鉄・鉄塊・鉄球が得られた。得られた鉄は極軟鉄であったが、鍛造すると鍛接可能で、鉄鏃や刀子を作る事ができた（「古代製鉄原料としての褐鉄鉱の可能性」山内祐子）。この実験結果からわかることは、砂鉄や鉄鉱石を原料とする「たたら製鉄」でなくても、褐鉄鉱から簡便に製鉄できるのである。鉄滓〈てつさい〉が大量に検出される鍛冶遺跡では、褐鉄鉱を用いた製鉄を行っていた可能性が高い（奥野正男『邪馬台国はここだ』梓書院　２０１０年）。

（三）「共に一女子を立てて王となす　名は卑弥呼という」

伊都国陣営と狗奴国との覇権争いを収束させるため、一九〇年ころ伊都国出身の卑弥呼が女王に共立された（「共立一女子爲王　名曰卑彌呼」）。『魏志』倭人伝の伊都国の紹介文に「世有王皆統屬女王國」（世世王有り、皆女王国に統属する）とあることから、伊都国の男王が代々「倭国王」として君臨してきており、倭国大乱後に王に共立された卑弥呼から女王にかわった。したがって、伊都国の王統は卑弥呼の女王国の王統に属することになると理解でき、卑弥呼は伊都国出身とできよう。このことから、前述したように倭国大乱とは、伊都国陣営と狗奴国との戦いとするのは合理的である。

そして、背振山地の丘陵の吉野ヶ里の地に、女王卑弥呼の宮殿が建てられて大規模な環濠が築かれ、女王の都となった。この女王の都がある丘陵が「山臺」であり、その東西両翼の丘陵地に七万余戸の住居をもつ環濠集落群が分布する地勢が「山臺の国」いわゆる「邪馬臺国」とされたのである。この詳細は、既に述べた。『魏志』倭人伝は、邪馬台国の気候を、「倭地温暖　冬夏食生菜　皆徒跣」（倭地は温暖で、冬でも夏でも生野菜を食する。皆素足である）と記す。前述したように、玄界灘からの冬の季節風が背振山地で遮られる背振山地南丘陵の吉野ヶ里の地は、冬でも温暖であったはずである。

「丗有王皆統屬女王國」の解釈であるが、私は前述の如く伊都国の王統が女王国の卑弥呼の王統に属することになると理解した。王統は、卑弥呼の死後、壹與（臺與＝台与）、さらに男王に引き継がれた。男王のことを『魏志』倭人伝は記さない。これは、陳寿が知らなかったのか、単に記述しなかっただけなのかはわからない。『梁書』倭国伝（姚思廉　六二九年）は記す。

「復立卑彌呼宗女臺與爲王　其後復立男王　並受中國爵命」

『通典』邊防第一倭（杜佑　八〇一年）は記す。

「齊王正始中　卑彌呼死　立其宗女臺輿爲王　其後復立男王　並受中國爵命

晉武帝太始初　遣使重譯入貢」

そして、遡ると『晋書』倭人伝（房玄齢ら　六四八年）は記す。

「宣帝之平公孫氏也　其女王遣使至帯方朝見　其後貢聘不絶　及文帝作相又數至　泰始初　遣使重譯入貢」

これらの記事は、女王卑弥呼の死後の宗女の台与（臺與）の女王即位、さらに男王の即位、そして泰始二年（二六六年）の西晋王朝への朝貢を伝えるものと理解できる。二六六年の時、台与はおおよそ三十一、二歳であろう、子がいても不思議ではない。そして、その子が台与の後を襲って王になり、晋の文帝（司馬昭）がまだ魏の宰相であった頃、魏への朝貢を幾度か行い、その際に台与と並んで爵位をもらっていたことがわかる。まさしく、伊都国の王統は女王国の卑弥呼の王統に「血脈で継続」していたのである。私は、「統属」を「王統を血脈で継続する」ことであると理解した。

この台与の御子こそ、記紀神話および『先代旧事本紀』に現れる「饒速日尊、天照國照彦天火明櫛玉饒速日尊、天火明命」であり、後世、「瓊瓊杵尊」の兄として脚色されることになる。

第四章「倭女王卑彌呼與狗奴國男王卑彌弓呼素不和」

（一）狗奴国（鉅奴国）の比定地

倭国大乱で、伊都国陣営と戦争をした狗奴国（鉅奴国）はどこにあったのであろうか？　狗奴国の官の狗古智卑狗〈くこちひこ〉が、旧菊池郡久久地〈くくち〉（＝岐久地）に通じ、「菊池彦」と解釈できることから、通説とおり熊本県の菊池川流域と比定できるのではないか。

熊本県の山鹿市の菊池川と方保田川に挟まれた台地上に広がる、弥生時代後期から古墳時代前期の遺跡として、方保田東原（かとうだひがしばる）遺跡がある（井上筑前　邪馬台国大研究：歴史倶楽部168回例会・肥後熊本・吉野ヶ里の旅、Web、「方保田東原遺跡」　山鹿市教育委員会社会教育課　Web、方保田東原遺跡の全容　中村幸史郎『季刊　邪馬台国』１３３号　梓書院　２０１７年）。この遺跡での発掘調査の結果、幅八メートルの大溝をもつ環濠集落であり、多数の溝や一〇〇を超える住居跡、多数の土器製作工房や鉄器の鍛冶工房と考えられる遺構が存在し、夥しい数の土器のほか、鉄鏃・刀子・手鎌・石包丁形鉄器・鉄斧などの鉄製品、巴形銅器・銅鏃・小型仿製鏡などの銅製品が出土している。その規模は吉野ヶ里を遥かに凌ぐ遺跡であると想定されている（図2‐4）。また、菊池川流域では早くから水田耕作も行なわれており、玉名市両迫間・龍王田の両迫間日渡〈りょうはざまひわたし〉遺跡では、弥生時代前期の水田跡が確認されている。近くの白川や緑川流域にも下前原遺跡、諏訪原遺跡、小糸山遺跡、山尻遺跡、二子塚遺跡、西弥護免遺跡、狩尾遺跡などの遺跡が存在し、そこでも鉄器の鍛冶工房や多数の鉄製器が検出されている。特に阿蘇山北山麓にある狩尾遺跡では高温度鍛冶が可能であったようである。まさか、阿蘇山のマグマの熱を鍛冶に利用した訳ではないと思うのだが、そうであればおもしろい。また、阿蘇山の南山麓には環濠集落の南鶴遺跡（阿蘇郡白水村吉田）もあり、宮崎県西臼杵郡の高千穂は遠くない。つまり、山鹿市・菊水町・玉名市・阿蘇市・阿蘇郡を版図にする大きな国があったといえる。（これらの遺跡は狗奴国のものとされるが、まだまだ邪馬台国を想定している意見もあるようである。）

私は、『魏志』倭人伝の記述から「邪馬壹（臺）国」の傍国の南に狗奴国があったようであるから、菊池川流域は狗奴国の比定地にできると考える。私は、狗奴

図 2-4 熊本県山鹿市の方保田東原〈かとうだひがしばる〉遺跡

国は鉅奴国つまり大奴国と考えているので、方保田東原遺跡が吉野ヶ里遺跡を遥かに凌ぐ版図を持っていると推定されていることは、まさに鉅奴国の王都にふさわしい。また多数の鉄器の鍛冶工房が存在したことから、鍛冶の技術を発展させて強力な鉄製武器や鉄製農具を製作出来たと判断する。背振山南山麓に在る伊都国陣営に対して一国で戦争をしかけた鉅奴国にふさわしい国勢と武力が窺える。このような理由から、私は、山鹿市の方保田東原遺跡を中心とする地域を、通説通り狗奴国つまり鉅奴国と比定するのである。

狗奴国の領域および狗奴国人に関して、音の類似性から球磨川（熊本県）流域の熊襲族の国であるとする論者も多い（内藤湖南、津田左右吉、井上光貞、松本清張など)。ここで、狗奴国にかんする松本清張説を考えてみよう(松本清張『邪馬台国』清張通史Ⅰ 講談社 昭和五十一年)。氏は、「狗奴はクナで、クマにあてることができる。女王国が九州北部だから、狗奴国は九州南部である。後の熊襲で、今の熊本県の地域をさす。クマソは球磨と阿蘇とがつづまったもの」と説く。しかし、この熊襲の語源はあやまりであり、熊襲は球磨と囎唹(日向國囎唹郡)がつづまった(『筑前國風土記』)とすべきである。その他の多くの先学も狗奴国は熊襲の国と主張するが、これは単に語呂あわせの結果であり、錯誤である。たしかに位置的には狗奴国は現在の熊本県の地域にあったとすることには異存はない。しかしながら、『魏志』倭人伝では、九州南部は「侏儒〈しゅじゅ〉国」とあり、倭語〈やまとことば〉では「ひきひと」である侏儒が「くまそ」と呼ばれるようになったとすべきである。よって、卑弥呼の時代の狗奴国が後の熊襲の始原であり、かつ球磨川流域の熊本県南部にあったとすることは、明らかに間違いである。この錯誤は、私が指摘したように、文系の先学が「侏儒国」を正しく理解できていないことに起因しているといえよう。

時代を古墳時代に下って考えてみよう。律令時代に熊襲族は隼人族とされた(大隅隼人、阿多隼人）（天武天皇紀）。その隼人の墓制とされる地下式墓（地下式横穴墓）は、球磨川流域が北限である。他方、熊本県北部の菊池川流域にある山鹿市や玉名市では横穴墓が行われており、墓制が異なる。横穴墓の分布は宮崎県高千穂町から延岡市にかけて東進し（鳥居龍蔵『上代の日向延岡』鳥居人類學研究所 昭和十年）、さらに北上して大分県内（宇佐市、大分市）に多く遺存する。墓制は、民族の間で固定し、長く維持されることを考えると、熊本県の北部と南部とでは墓制が異なることから、熊襲（隼人）族の居住領域は、球磨川流域を北限としており、私が狗奴国に比定する、山鹿市、玉名市および阿蘇山麓の地域は熊襲族の領域とはならない。したがって、狗奴国人を音の類似性をもって熊襲族とすることは全くの間違いであると言えよう。

＊ 私は、狗奴国の「狗」を「鉅」の卑字とみたててきたが、同じく「大きい」を意味する「巨〈こ〉」でも良いのではないかとも思うようになった。つまり「巨奴国」〈こなこく〉が『魏志』倭人伝では「狗奴国」として著されたと。

（二）　記紀神話にみる伊都国と狗奴国

では、なぜ、鉅奴国側も卑弥呼を知っており、倭国大乱を収めるためにともに卑弥呼を倭女王として共立したのであろうか？　そしてなぜ、女王卑弥呼が鉅奴国の男王卑弥弓呼〈ひみここ〉と「不和」になり、二四七年（正始八年）には魏の支援を求めるような戦闘状態にいたったのか？　『魏志』倭人伝はなにも記さない。また、先学のだれも、これらの謎について論考していない。

これらの疑問を解明するためには、『古事記』・『日本書紀』の神話に依らざるをえないと、私は判断する。というのは、『日本書紀』の神功皇后紀には、あきらかに『魏志』倭人伝から抜粋した記述があり、編纂者は『魏志』倭人伝を読んでいたことは確かである。遡ること「伊那（委奴）国王」の事績のみならず、卑弥呼と卑弥弓呼の事績も記紀神話に著されている、と私は考える。記紀神話は日本の古代史を物語っていると理解しているので、記紀神話などに基づいて、私の主観を加えて論考してみよう。

天武十二年（六八三年）、天武帝の勅命により、『日本書紀』編纂に、小錦下阿曇稲敷〈あづみのいなしき〉が、川島皇子ら十一人と共に「帝記」および「上古の諸事」を記す任に着いている。『日本書紀』が記す「伊弉諾・伊弉冉の国生み神話」に登場する洲々を詳細に考察すると、全て阿曇族の拠点が在る地域や島であることがわかる（詳細は、いずれ別書で述べる。それでは『古事記』にでてくる島々の選択基準はなにであったのか？　考えてみてください）。また、国生みの情景は大きな器を使った製塩の情景を映しているとされる（森浩一『日本神話の考古学』朝日新聞社　１９９３年）。その製塩を淡路島で行っていたのが阿曇族である。つまり、紀元五七年「伊那（委奴）国王」の後漢光武帝への奉貢朝賀に活躍した阿曇族の後裔が、阿曇稲敷である。であるならば、『日本書紀』の「上古の諸事」には、阿曇族に伝承されてきた事績が、ちりばめられていても不思議ではない。

その一つが、「伊弉諾〈いざなぎ〉・伊弉冉〈いざなみ〉の国生み神話」である。伊弉冉尊に離縁の呪言を言い渡して、黄泉国〈よみのくに〉から逃れた伊弉諾尊は「筑紫の日向小戸の橘の檍原」で、黄泉国の汚穢〈けがれ〉を洗い清める禊〈みそぎ〉を行う。まず、檍原〈あはぎはら〉に、身に付けていたものを全て取り去り、裸となる。そこから小戸〈おど〉に入り、流れの早い上瀬と流れのない下瀬を避け、流れの緩やかな中瀬で体を濯いだ時、神直日神などの三神が化生する。そこから、さらに海に進んで体を濯いだ時、海の底で底津少童命〈そこつわたつみのみこと〉と底筒男命〈そこつつのをのみこと〉が、水中で中津少童命と中筒男命が、海面で表津少童命と表筒男命が、それぞれ化生する。この綿津見（少童）三神が、阿曇連〈あづみのむらじ〉の守護神である。

伊弉諾尊が禊ぎをした小戸とは、海に通じる水路を持つ瀬（河口につきでた中洲）が有る水門〈みなと＝湊〉と理解できる。瀬の岸寄りは水流が弱い、瀬の先端は流れが速い、それで瀬の中程でまず体を濯いだ。その中洲の反対側は海になる。すなわち、「日向小戸」とは、禊に良好な日当たりの良い湊といえる。「檍〈あはぎ〉」は常緑樹を表すとして、「橘の檍原」と訓めば、「常緑樹の橘が茂る平地」と解釈できる。したがって、「筑紫の日向小戸の橘の檍原」とは、「筑紫国にあり、日当たりの良い瀬のある湊を有する、橘の茂る平地」と理解できる。日向も、橘も、檍原も地名と捉えてはダメなのだ。私が想起するこの地形は、まさに福岡市の住吉神社を示す「博多古図（鎌倉時代）」（Web）にある那珂川河口の冷泉津と同じである（図2－5）。従ってこの**日向小戸は、始原奴国の那珂川河口**と比定できる。

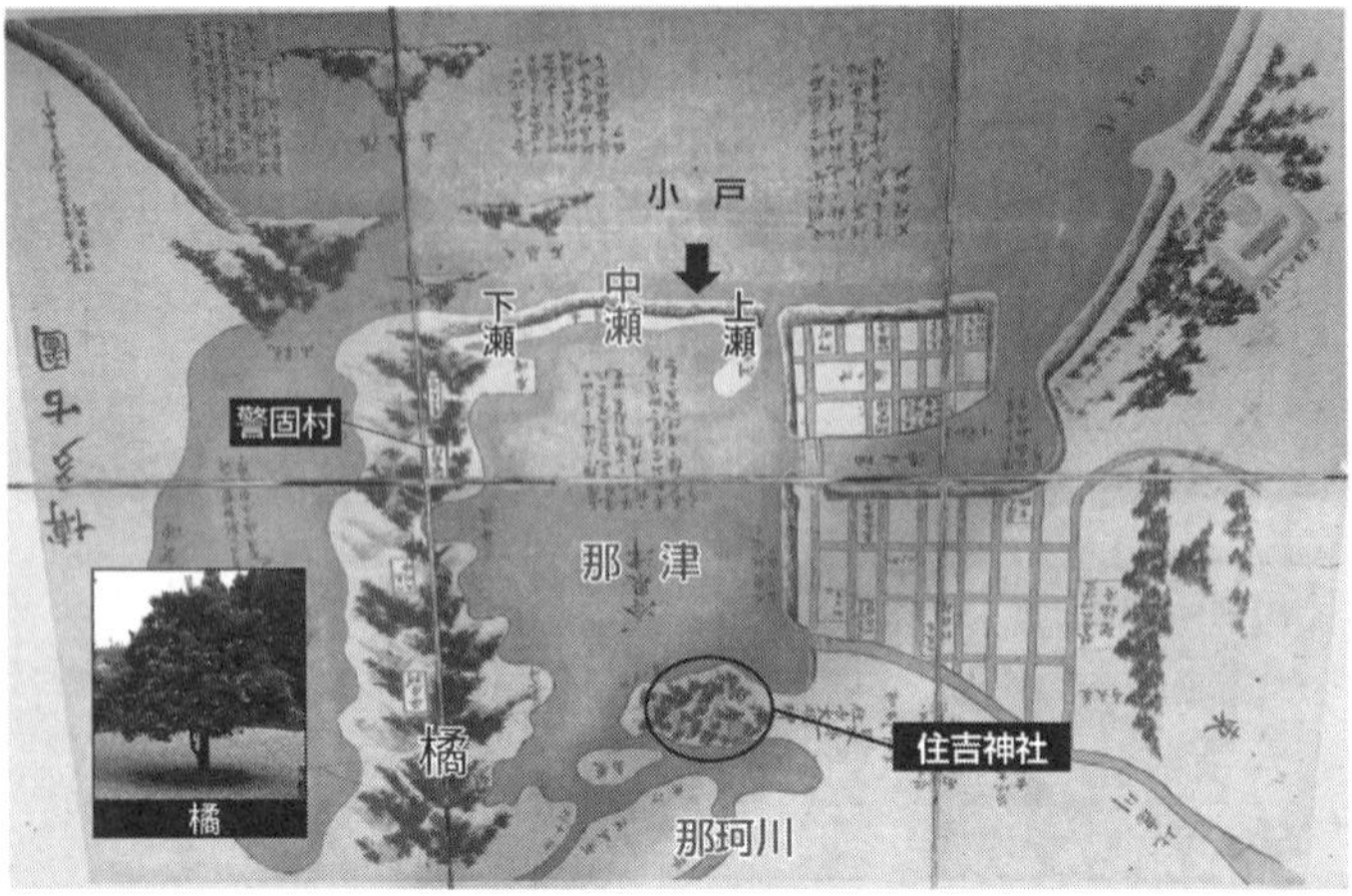

博多古図（鎌倉時代）

図 2-5 筑紫の日向小戸の橘の檍原

それでは、航海安全の守護神の神生みは何を意味するのか？　綿津見（少童）三神は、阿曇連の守護神とされる（「是阿曇連等所祭神矣」『日本紀』）。この古代豪族の阿曇連が関係すると考えられるのが、紀元五七年の「委奴国王」による後漢王朝への朝賀であるとしたい。「伊那（委奴）国王」は、志賀島に根拠地を持つ阿曇族の海人の操船によって、後漢光武帝に「伊那国」の国号を名乗って一族の大夫を派遣し、朝賀させた。この時、「伊那国王」は、那珂川の河口の湊で潔斎をし、朝賀一行の航海安全を祈って、阿曇族の海人の船手ため綿津見三神、「伊那国王」一族のために筒男命三神を、それぞれ、檍原に茂る姿麗しい橘を神籬〈ひもろぎ〉にして迎えたとしたい。神を神籬に迎える前に、世俗のしがらみを全て取り去り、裸で禊ぎをする潔斎の作法がこの時生まれたのである。

伊弉諾尊が、つぎに、小戸の中洲の海に入って左目を洗ったとき天照大神、右目を洗ったとき月読尊（月夜見尊）、鼻を洗ったとき素戔嗚尊〈すさのをのみこと〉が化生する。この三貴子は人格を持った神とされる。

私は、「伊那国」が内紛で、伊都国と奴国に分裂し、さらに奴国の分国として鉅奴国が興ったと解した。記紀神話は実在した人物を「□□□の神」、「△△△の尊（命）」と神格化して描いていると判断するので、独り神となった伊弉諾尊は、「伊那国王」であり、天照大神は伊都国の表徴で人格は卑弥呼、月夜見尊は奴国の表徴で人格は卑弥弓呼、素戔嗚尊は狗奴国の表徴で人格は卑弥弓呼に比定できよう。

（三）　卑弥呼と卑弥弓呼の結婚・離別・不和

ひきつづき私論を述べる。

倭国大乱の前、伊那国（委奴国）の内紛により分裂してできた奴国と伊都国は融和を図るため、伊都国の権力者の女〈むすめ〉の卑弥呼と奴国の王族の卑弥弓呼は結婚（入り婿）していたとしたい。政略結婚ではあったものの、倭国大乱の最中だけでなく、乱の後もしばらくは、二人は仲睦ましく暮らしていた。その場所は、天照大神と素戔嗚尊が「子生み」をかけて誓約〈うけい〉をおこなった安河が流れる邑（平塚川添遺跡の環濠集落？　旧福岡県朝倉郡夜須町）である。「安河が流れる邑を含む環濠集落群の地域が邪馬台国であり、高天原である」とする安本美典説にしたがえば、平塚川添遺跡の環濠集落は二日市構造谷（筑紫コリドー）の南端域にあり、福岡平野を拠点とする奴国と背振山地南山麓の丘陵にできた伊都国の新開発領域とはほぼ等距離にある。伊都国と奴国の融和を図るために政略結婚した卑弥呼と卑弥弓呼が暮らすにはふさわしい所と言えよう。この時、卑弥呼は卑弥弓呼よりかなり年長であったとしたい。ただし、誓約で生まれた三人の女子と五人の男子については、ここでは論考しない。

倭国大乱の後、一つの悲劇が起こった。一九〇年頃に卑弥呼が女王に共立されて「女王国」が興こると、奴国出身の卑弥弓呼は卑弥呼と離別せざるをえなくなり、鉅奴国に移り、王に推載された。そこで菊池彦（狗古智卑狗）をもうけることになる。

一方、背振山地の南麓の「山臺」に女王の宮殿を得た卑弥呼は、建安中（一九六〜二二〇年）頃から、帯方郡を通じて遼東地域を支配する公孫氏と長年にわたり交流を持ち、文化・文明の移植に努めた（「建安中　公孫康分屯有縣以南荒地為帯方郡　遣公孫模　張敞等收集遺民　興兵伐韓濊　舊民稍出　是後倭韓遂屬帯方」『三国志魏書』馬韓伝）。その後、景初二年（二三八年）に公孫氏が魏に滅ぼされるとすぐさま、景初三年（二三九年）に女王卑弥呼は魏に朝貢した。女王卑弥呼は、魏の冊封〈さくほう〉に入り、「親魏倭王」に叙任された。女王卑弥呼が遼東に半独立国を維持する公孫氏と交流している間は、卑弥弓呼も不満に思わなかった。しかし、公孫氏が魏に滅ぼされるとすぐさま女王卑弥呼は魏に朝貢し、魏の冊封に入るだけではなく、正始元年（二四〇年）には魏の遣使団を倭地に招き入れ、倭国の国勢を曝してしまった。

時は、魏蜀呉鼎立時代である。鉅奴国の男王卑弥弓呼は、「倭国は華夏の王朝の冊封にはいるべきではない」と考えていた。どちらかの国と同盟を結べば、他国から敵国視される。攻め込まれれば倭国は滅ぼされ、属領にされる。奴国本貫とする卑弥弓呼は、阿曇族の海人の操船で三韓半島を訪れたことがあり、馬韓が漢の楽浪郡や公孫氏の帯方郡の支配のもと化外〈けがい〉の地となっている実情を知っていたと思いたい。

化外の情景を『三国志』魏書馬韓伝は記す。

「其俗少綱紀　国邑雖有主帥　邑落雑居　不能善相制御　無跪拝之禮　居處作草屋土室　形如家　其戸在上　舉家共在中・・・不以金銀錦繍為珍」（その習俗には綱紀が少なく、国邑に主帥（主君）がいるけれど、邑落で雑居し、善く互いを制御することができない。跪拝の礼はない・・・金銀や錦、毛織物を珍宝とはしない。）

また、「其北方近郡諸国差曉禮俗　其遠處直如囚徒奴婢相聚　無他珍寶」（その北方の楽浪・帯方郡に近い諸国は、少しは礼儀をわかっている。郡より遠い処ではただ囚人や奴婢があい集うが如くである。他に珍宝なし。）とも記す。まさに、「ないないづくし」である。半島でも比較的文化の程度が高かった馬韓でさえも、この有様であった。

楽浪・帯方郡の植民地支配のもと化外の地である韓国〈からのくに〉を知る卑弥弓呼は、「華夏の王朝への朝貢と引き換えに安定を得る冊封体制下で国を治める」ことを「正義」としなかった。卑弥弓呼は、女王卑弥呼の政策を愚策として和せず（「倭女王卑彌呼與狗奴國男王卑彌弓呼　素不和」）、以後、女王卑弥呼の率いる女王国連合と倭国の統帥権をかけた戦いを繰り返していくのである。**卑弥弓呼と女王卑弥呼は、国を治める政策が相容れなかったのである。これが、「不和」の本質と私は考える。**

ここで、呉に目を向けてみよう。孫権は、人口の少ない長江流域に政権を樹立しており、曹操の大軍を赤壁の戦い（二〇八年）で撃破ったように戦略に優れてはいるが、兵力の増大強化は宿願であった。黄龍二年（二三〇年）、孫権は二人の将軍と武装兵一万を派遣して夷州と亶州〈たんしゅう〉を海中に探索させ、将軍達は夷州の住民数千人を徴兵した。また、嘉禾三年（二三四年）には、山越から六万人を徴兵した（『三国志』呉書呉主伝）。いずれも、兵力増大のための徴兵であった。亶州は九州島をさすようである。もし、呉の冊封体制に入っていれば、何万人もの倭人が軍役に駆出され、魏との戦いで多大な犠牲を出していたであろう。また、呉と魏との両面外交をした公孫氏や高句麗は、それぞれ魏により滅ぼされるか、討伐に合っている（二四四年、『三国史記』高句麗本紀 東川王条）。

まさに、卑弥弓呼の危惧も宜なるかなである。

正始元年（二四〇年）に、魏の遣使団が倭国を訪れた時、高齢になり独り身になっていた女王卑弥呼は、「山臺」の宮殿に籠もり、女王卑弥呼の男弟が外部との交渉役を務めるようになっていた（「年巳長大　無夫婿　有男弟佐治國　自爲王以來少有見者」）。

補考　月夜見尊と保食神と伊都国の勃興

記紀神話では、月夜見尊が、天照大神に命じられて、葦原中国の保食神〈うけもちのかみ〉に会いに行くが、保食神が種々の食物を口から出して馳走するのを見て、「汚らわしい」として斬り殺してしまう。それを知った天照大神は月夜見尊と絶交してしまう。しかし、斬り殺された保食神の体から種々の穀物（粟、稗、麦、豆、稲）や有益動物（牛、馬、蚕）が生み出たことを天照大神は知って喜び、得られた穀物を食糧とする。

『記・紀』の解説は、保食神や大気都比売神〈おおげつひめのかみ〉などの食糧を司る神々の死を「穀物の収穫には鎌で刈り取ることにより穀神が死に、種を蒔くことで穀神が復活するという、古代の信仰をあらわす」とまことしやかに説く。確かに蚕も繭の中で蛹になれば、ほとんど死んだように動かない。天照大神が行ったように、口に繭を含み、唾液で絹糸の粘着物質を溶かし、一本の絹糸を得る方法であれば、動かない蛹を目撃できる（現代では、繭を湯がくので、蛹は煮たって死んでしまう）。その蛹から蚕蛾が羽化し、産卵した卵から毛蚕〈けご〉が生まれる。蚕の復活である。「記紀の解説」にある「死と復活」は合理的にみえる。しかし、牛馬の生成はどう理解すればよいのか？　牛馬は農耕用であろう。また、『古事記』の国生み神話で、粟国を大宜都比売〈おおげつひめ〉と呼び、粟の食神として表している。粟も穀物であり、収穫には鎌や石包丁で刈り取る。しかし、大宜都比売を誰かが殺すとはしていない。穀神信仰では、大宜都比売の不死は理に合わないではないか。結論を言えば、「記紀の解説」のように食物神の死を穀神信仰で解釈することは、間違いであるのだ。

『日本書紀』では、月夜見尊が殺した保食神の体から生った種々の穀物（粟、稗、麦、豆、稲）や有益動物（牛、馬、蚕）を得たのは天照大神である。私は、前述したように、「伊那（委奴）国」が分裂して、奴国と伊都国が興ったと考えている。奴国に保管してある「穀物や蚕の種」を、倉庫を壊して持ち出す情景を「食物神を殺す」と表したと言いたい。換言すれば、「穀物の種を保管する倉庫」の番人あるいは倉庫を擬人化して表したのが、「保食神（食糧を保管する神）」であるのだ。倉庫を壊せば、貯蔵されていた各種の種があらわになり、持ち出すことが可能になる。古代では、「農耕技術や養蚕技術を他国に持ち出す」ことは禁忌であったと考えたい。「食物神殺し」はこの禁忌破りの象徴であったのだ。

この保食神神話は、「伊那（委奴）国」が分裂して、伊都国が興ったとき、文化が進んでいた奴国から、農耕技術や養蚕技術を奪取して、背振山地南麓の「山臺」の開発に利用したことを物語っていると解釈できよう。

第五章 「卑彌呼以死」

（一） 卑弥呼、魏に援軍を求める

国策が相容れない（「素不和」）女王卑弥呼と鉅奴国の男王卑弥弓呼は、二四七年には、倭国の統帥権をかけて、互いに攻撃しあうようになっていた。
『魏志』倭人伝は、次のように伝える。

「遣倭載斯烏越等詣郡説相攻撃状　遣塞曹掾史張政等　因齎詔書黄幢拝假難升米　爲檄告喩之」と記し、そして、その後に「卑彌呼以死　大作冢徑百餘歩徇葬者奴婢百餘人」と続ける。

訓み下すと、前文は、「倭（女王卑弥呼は郡に援軍を求める考えであることを、男弟を介して伝えられた難升米）は、載斯烏越〈さいしうえつ〉等を遣わし、（帯方）郡に詣でて、攻撃しあう状況を説く。（郡は）塞曹掾史の張政等を遣わし、因て詔書、黄幢〈こうどう〉を齎〈もたら〉して難升米〈なしめ〉に拝仮す。（張政は）檄〈げき〉を為して之を告げて喩〈おしえ〉る」となる。

この条は「其八年太守王頎到官」に続くものであり、帯方郡の太守弓遵の戦死により、正始六年から正始八年（二四七年）までの間空席となっていた太守に、新たに王頎が任命されて赴任した事を表す。それで、「以前より不和」であった卑弥呼の女王国と卑弥弓呼の狗奴国が互いに戦う状況を、太守の王頎に載斯烏越は訴えたのである。郡に赴任した王頎は女王卑弥呼に授与するために魏王朝から託された詔書と黄幢を持参していた。女王卑弥呼より遣わされた載斯烏越の要請を受け、郡より派遣されることとなった武官の張政は、女王国に到り、宮殿に籠もる女王卑弥呼ではなく難升米に魏の軍旗である黄幢を託した。そして、戦闘作戦書である檄をつくって、難升米や女王国軍の武将たちに告げておしえた。当時、女王卑弥呼は高齢で宮殿にこもる状態であり、先頭に立って女王国軍の指揮を執ることは不可能であった。ゆえに、女王国軍の指揮を執る難升米に、軍旗が拝仮（女王にかわって授与）されたのは当然のことである。

（二）二四七年と二四八年の皆既日食と卑弥呼の死

前述したように、『魏志』倭人伝は女王卑弥呼の死の経緯についてまったく記述していないのである。これも、『魏志』倭人伝に記述がないが、女王卑弥呼の時代に、西日本で二回の皆既日食があったことが、古天文学の研究から解明されている。一回目は二四七年三月二四日の夕方であり、二回目は二四八年九月五日の朝である（斉藤国治・加藤真司説）。二四七年（正始八年）の皆既日食は、魏の洛陽でも観測されていた（「正始八年春二月朔　日有蝕之」『三國志』巻四魏書四「三少帝紀」）。この正始八年の皆既日食が『魏志』倭人伝に記述がないのは、帯方郡から派遣された塞曹掾史（国境守備の武官）の張政が、まだ女王国に到着していなかったため、張政からの復命書に記述が無く、したがって、陳寿も『魏志』倭人伝に記述しなかったと考えられる。

一方、二四八年には、張政は女王国におり、九月五日朝の皆既日食は目撃したはずである。しかし、『魏志』倭人伝に記述はない。なぜであろうか？　まさか、朝寝坊して見逃したというわけではあるまい。であるならば、『古事記』、『日本書紀』、『先代旧事本紀』および『古語拾遺』に何らかの関連事象の記事をもとめざるをえない。二回の皆既日食を、天照神話の「天照大神の天石屋戸隠れ」および「卑弥呼の死」と関連させる事ができるであろうか？

この時代、女王国と狗奴国は戦闘状態にあった。その最中の二四七年三月二四日の夕刻、皆既日食が起こり、太陽が真っ黒に燃えながら、玄界灘西方遥かに沈んでいった。これを見た伊都国や「山臺」の人々は、「年巳長大」となった女王卑弥呼の霊力の衰えを覚えた。同様に鉅奴国の卑弥弓呼も、卑弥呼の霊力の衰えを悟ったであろう。この皆既日食の後日、霊力の衰えを覚えた女王卑弥呼は、女王国にいた鏡師に連弧文鏡（和名は内行花文鏡）を模した仿製鏡を作らせた。魏の皇帝の下賜した中古の鏡ではなく、真新しい鏡を作り祭って、霊力の復活を願ったのである。

その鏡師である天糠戸神〈あめのぬかとのかみ〉とその子の石凝姥神〈いしこりどめのかみ〉は、一〇七年に帥升が安帝王朝に献上した生口の子孫であり、二四〇年の魏の返礼遣使団とともに里帰りしていたと考えたい。彼らが、多数の「陶氏作鏡」銘方格規矩四神鏡（平原遺跡一号墓から破壊されて出土　図2－6）をつくった陶氏であろうと、私は考える。「陶氏作鏡」銘の鏡は、王莽新、後漢、魏の時代に全く見られない（『方格規矩四神鏡図録』京都国立博物館　1969年、『巌窟蔵鏡』梁上春　同朋舎出版　1989年、『古鏡』樋口隆康　新潮社　1985年）。このことが、証左といえよう。

仿製〈ぼうせい＝国産〉の新鏡のモデルとなった内行花文鏡をよく観察すると、

八連弧に囲まれた内区は、炎を出して燃え上がる太陽を表わしている様に見える（森浩一 前掲）。「日の神＝太陽神」を祭る「日巫女」・「日御子」・「日神子」にはふさわしい鏡である。『先代旧事本紀』および『古語拾遺』は、この「内行花文」を「日像〈ひのかたち〉」とみなし、「日像の鏡」、「日の形の鏡」とか「日像鏡」と著している。ただし、これは日本人の感性である。華夏では、「連弧文」は一定間隔に紐で縛られて垂れ下がる天蓋を表現するとされている。

鏡師が鋳造した仿製鏡〈ぼうせいきょう〉の最初の一面は、小型の銘帯内行花文鏡（図2-7左）（前漢末～後漢初に流行）を模した内行花文鏡であった。

『先代旧事本紀』は記す。

「天糠戸神が天の香山の銅を採って日の形の鏡を作った。」

『古語拾遺』も、

「思兼神の謀通りに石凝姥神に日像の鏡を鋳造させた。初めに鋳造した鏡は少々意に合わなかった。これは紀伊国の日前神である」と記す。

モデルとなった小型の銘帯内行花文鏡は「辺都鏡」とよばれ、その仿製鏡は「真経津鏡〈まへつかがみ〉」とよばれ、和歌山市に建つ日前・國懸神社〈ひくま・くにかかすじんじゃ〉の日前神宮の御神体になっている。なお、國懸神宮は御神体を日矛鏡とするが、記紀神話によれば天鈿女命が手に持って舞った天日矛であるはずであるが（詳細はいずれまた記すことにする）。

また、卑弥呼は、女王になった時から、農作業に重要な日の順行と豊作はいうまでもなく、子孫繁栄を太陽神に祈っていたと、私は考えたい。当時は農耕社会であり、農業を営むためには人手が必要であり、子孫繁栄は最重要事項であったからである。卑弥呼は、公孫氏との交流をとおして、あるいは帯方郡との交易を介して、子孫繁栄を予祝する「長宜子孫」の銘を鈕座に持つ「雲雷文連弧文（=内行花文）鏡」（図2－7右）（後漢後期に流行）を特に好んで宮殿で祭っていたと、私は考える。子孫繁栄を願う民衆のため、卑弥呼は安産・病平癒・長寿などを祈祷し、鎮魂（魂振り）の儀式をしていたかもしれない。このことを、『魏

図 2-6　陶氏作鏡方格規矩四神鏡　糸島市平原一号墓出土

図 2-7　内行花文鏡（日像鏡）
左　銘帯連弧文鏡（前漢末～後漢初）
右　長宜子孫銘雲雷文連弧文鏡（後漢）

志』倭人伝は、「名曰卑彌呼事鬼道能惑衆」（卑弥呼は鬼道につかえ、よく衆をまどわす）と紹介した。古代華夏の国では姿見でしかない鏡を奉祭して、卑弥呼が豊作・安産・病平癒・長寿の祈祷、および魂振り（死者の復活）の儀式を行うことを鬼道ととらえたと、私は考える。

さらに、二三九年の魏王朝への朝貢では、魏の皇帝から百枚の銅鏡を下賜された。少帝は卑弥呼が鏡を使って鬼道を行っていることを知ったからであろう（「汝好物也」『魏志』倭人伝）。当然百枚の銅鏡のなかには、長宜子孫銘雲雷文連弧文鏡があった。そして、卑弥呼はその鏡を宮殿に奉祭した。

女王卑弥呼が、長宜子孫銘雲雷文連弧文鏡（図2－7右）を珍重したことから、次に鋳造した仿製鏡の一面は、その鏡を模した大型の「八葉鈕座内行花文鏡」であった。女王卑弥呼の霊力復活を願う鏡の鋳造であったため、鈕座にある「長宜子孫」の文字は刻されず、「四葉」がとって替わったのである。

この鏡の事を『古語拾遺』は、

「次に鋳造した鏡はその状態が麗しかった。これは伊勢の大神である」と記す。大きな鏡であった故に「八咫鏡〈やたのかがみ〉」とも呼ばれた。新鏡は女王の宮殿内に特別に奉安され、女王卑弥呼は日の出とともに宮殿三階に設えられた外

図 2-8 吉野ヶ里遺跡の北内郭に復元された祭殿

佐賀県立博物館 細川金也氏提供

回廊にでて、鏡を斎祭って、「日の神」に「女王国軍の戦勝」を祈願した（図2－8）。

一方、大型の内行花文鏡を鋳造して鏡作技術を上達させた鏡師集団は、「大宜子孫」の銘を鈕座に持つ「雲雷文連弧文鏡」もいくつか作り、さらに超大型「八葉鈕座内行花文鏡」（図2－9）も作る事ができるようになった。鋳造された鏡は宮殿を飾った（後に平原遺跡一号墓の墓壙から、四面の超大型鏡は破壊された状態で、また「大宜子孫」銘雲雷文連弧文鏡は破壊されることなく出土する）。

狗奴国との戦いのなか（図2

―10)、戦況不利と霊力の衰えを覚えた女王卑弥呼は魏の帯方郡に支援を求めた。帯方郡から塞曹掾史の張政が派遣され、女王国軍を指揮する難升米のもとに魏の皇帝の詔書や黄幢(軍旗)が授与された。また、張政も檄(戦争作戦書)を作り、作戦を教え諭して、女王国陣営の戦闘を支援した。

狗奴国の卑弥弓呼は、霊力の衰えた女王卑弥呼が率いる女王国軍に攻勢をしかけ、翌二四八年九月には派遣武官張政の檄のかいもなく、女王国軍は打ち破られてしまった。この戦闘の敗北に激怒した女王国の武人たちは、敗北が霊力の衰えた女王卑弥呼の所為として、九月五日の未明に女王の宮殿を襲った。宮殿三階の外回廊にでて、日の出とともに「日の神」に祈るため奉る新鏡を持つ女王卑弥呼を襲って誅殺した。新鏡は女王卑弥呼殺害の様子を映し、小疵は付いたが、破壊は免れた。その際、女王に仕える女官も殺害し、宮殿に飾ってあった多くの鏡も持ち出して破壊した。その時、宮殿に居た宗女の台与(臺與、壹與)は女官とともに、女王卑弥呼の亡骸

図 2-9　超大型八葉鈕座連弧文鏡

原田大六監修復刻鏡

を宮室内に移し、扉を固く閉て門をかけ、また甕戸（頑丈な窓）もしっかり閉じて、中にとじ籠り、残りの鏡を護った。女王卑弥呼誅殺後、大きく欠けた日が昇り、そして天地が暗やみに包まれた。この時、人々は卑弥呼を殺害したことで日が欠けそして消えてしまったと畏れ慄いた。そして、人々は卑弥呼がまさに「日の神子」であったことを悟った。

ようやく、太陽が復活して天地四方が日照に照らされた時、明るくなった宮殿外では、女王を誅殺した武人が、自ら王になることを宣言した。暫時、多くの族長もそれを承認した。しかしながら、その後、その男王を戴くことを否とする権力者が現れ、王座を巡って武人同士の激しい争いが起こった（「更立男王國中不服　更相誅殺當時殺千余人」）。

以上述べたように、私は「卑弥呼以死」は自然死でないと論考した。では、なぜ女王卑弥呼の死因が『魏志』倭人伝に記されなかったのか？　鉅奴国との大戦に際して、魏の王朝は、親魏倭王とした女王卑弥呼の支援のため、皇帝の詔書や軍旗を贈り、張政も戦勝の檄をとばした。しかし、それでも女王国軍は鉅奴国軍に敗北した。さらに、親魏倭王の卑弥呼は、皆既日食の朝、女王国の武人により

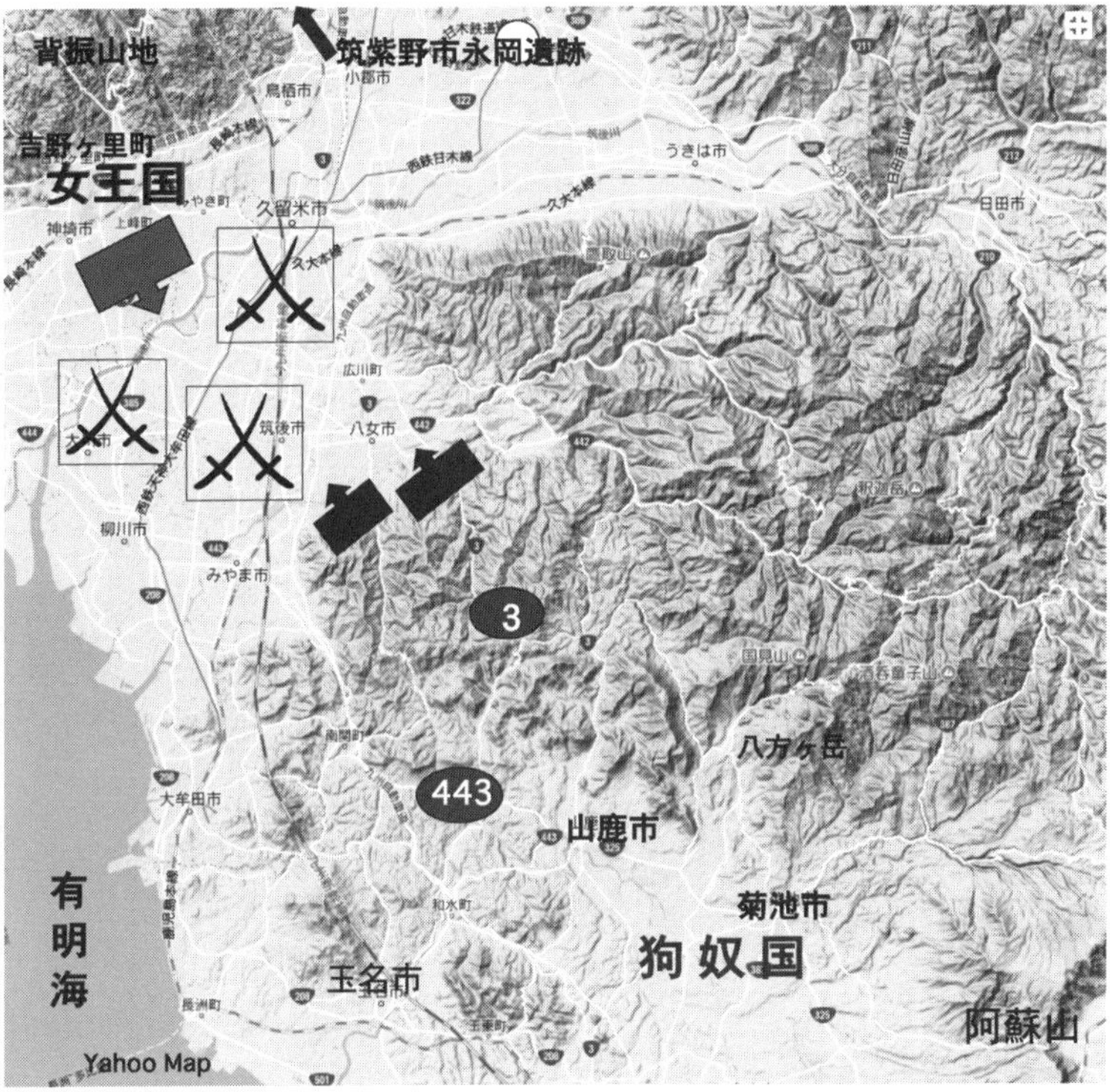

図 2-10 女王国軍と狗奴国軍の戦闘想定図

誅殺された。この結果をつまびらかに報告すれば、魏の皇帝の権威と面目は丸つぶれになり、張政自身も武官としての経歴に傷が付く。こうした内容を張政は帯方郡に報告するのを憚った。それ故に、陳寿は、女王卑弥呼の死の経緯を『魏志』倭人伝に記すことはなく、ただ「卑弥呼以死」とだけ著した。張政が体験したはずの朝の深い日食（二四八年九月五日）の記述が『魏志』倭人伝に無いのが、その論拠である。

私は、別項にした「卑彌呼以死　大作家徑百餘歩」を「卑弥呼、既に死せり。大いに冢〈ちょう〉を作る」と訓み下す。つまり、「卑弥呼は既に死んでしまった。そこで大きな冢を作った」、女王卑弥呼が死んで更に「立男王國中不服　更相誅殺當時殺千余人」などの出来事もあったと記したと、私は解する。王座を巡って激しい闘争があったのは、女王卑弥呼の殯の間としたい（「始死停喪十餘日當時不食肉」「死より始め喪を停す十余日、当日肉を食さず」）。当然、卑弥呼の墓を作ったのは喪明け後となろう。

＊　「以」を私は「既に」と解した。漢文も日本語も時制が緩いのでわかりにくい。時制に厳しい英語で著せば「She has died」となる。他の説の「既に」は、「she had been dead」と著されよう。

＊　卑弥呼の新鏡としての「日像鏡」のモデルといえる小型の銘帯内行花文鏡および大型の長宜子孫銘雲雷文内行花文鏡は、社家海部氏の祖神とする饒速日命を祀る籠神社（元伊勢籠神社、京都府宮津市）の神宝として公開されている。『魏志』倭人伝を読み解くと、饒速日は卑弥呼の宗女である台与の御子となる。

（三）　卑弥呼誅殺を描く絵画銅鐸

　実は、卑弥呼誅殺の現場が、銅鐸に描かれていたのである。兵庫県桜ヶ丘（旧神岡）出土の扁平鈕式銅鐸、神岡〈かみか〉銅鐸5号にある「三人の争い図」がそれである（図2‐11）。図では、「一人の小柄な女の頭を中央の男が左手で鷲づかみし、今にも振り下ろされようとする剣をもつ男の右手にもう一人の女がとりすがっている」（三角頭は女性、丸頭は男性を表す）。この絵の解釈には諸説あるようである。私なりに解釈して、「小柄の女を、男が剣で切り殺そうとするのを、もう一人の女が必死に制止しようとしている」ようにみえる。これは、何を意味するか？　私は黄金色に輝く銅鐸は、太陽神（天照大神）になった卑弥呼の表象と考えている。「卑弥呼の銅鐸」であるとすれば、答えは一つである。それは、「卑

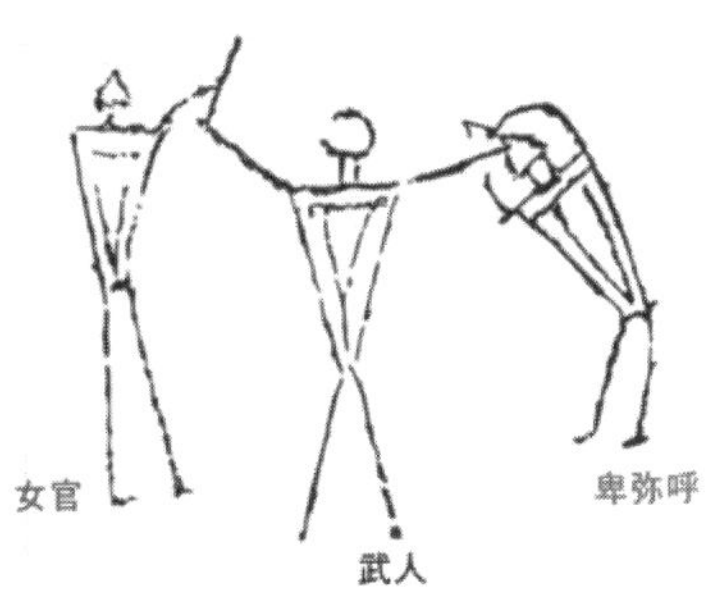

扁平鈕式銅鐸の兵庫県桜ヶ丘（旧神岡　かみか）銅鐸5号にある「三人の争い図」＝卑弥呼誅殺の図

図2-11　絵画銅鐸に描かれた卑弥呼誅殺の図

弥呼殺害の図」とできよう。つまり、小柄の女は女王卑弥呼で、あの皆既日食の朝、女王国の武人に誅殺された。男の剣を持つ右手に取りすがって制止する女は女王の官女であろう。銅鐸の天才絵師が、目撃したかあるいは古老から聞いて、女王卑弥呼誅殺の現場を描いたと、私は考えている。

＊　銅鐸の謎の解明の詳細は、自書『三角縁神獣鏡が映す大和王権』（宮﨑照雄梓書院　２０１０年）にあります。

（四）「卑彌呼以死」に関する松本清張説を考える

他方、『魏志』倭人伝の「遣塞曹掾史張政等因齎詔書黄幢拜假難升米爲檄告喩之卑彌呼以死」をひとまとめの記述として、「卑彌呼以死」の「以」の原因を張政が作った「檄」にあるとする説がある。それが松本清張説である。この松本清張説には、奥野正男など賛同者も多い。つまり、女王国軍は、狗奴国軍に大敗した。その責任は、老齢で霊力が衰えた女王卑弥呼にあり、張政は『卑弥呼は死なねばならない』とする檄を為して、それを難升米と女王卑弥呼に告諭〈おしえさと〉

した。それで「以」って女王卑弥呼が誅殺されて死んだ、とする説である。この説の主題は、いわゆる「王殺し」である。「王殺し」を James G. Frazer の『金枝篇』（Web）を参考にして略記すると、「王が自然死を待つことなく、人為的に死を迎えなければならぬという王殺しの慣習は、未開社会に数多く見られる」ということである。

松本清張説の論拠は、『魏志』夫餘伝にある「舊夫餘俗水旱不調五穀不熟　輒歸咎於王　或言當易　或言當殺麻余死」（昔の夫余の習俗では、水害、干害の不調で五穀が実らないときは、王に罪をかぶせ、易えるべきだと言ったり、殺すべきだと言ったりした。）である。後述するが、実際、女王国では、老齢の女王から若い台与への王の交代があった。つまり、王の首のすげ替えがあった事は事実であり、「王殺し」説は成り立つように見えるともいえる。

夫餘〈ふよ〉（紀元前一世紀～後五世紀）の版図は、「夫餘在長城之北去玄菟千里　南與高句麗　東與挹婁　西與鮮卑接」、つまり「南は高句麗と、東は挹婁（ゆうろう、外満州付近）と、西は鮮卑と接する」旧満州地域にあった。夫餘の国は半島の南倭および九州島からはあまりにも遠く、果たして日本人は夫餘の昔の俗（王殺しの慣習）を知り得たであろうか？　可能性はなくはない。推察してみよう。

日本人が朝貢したとされる燕の時代（「南倭北倭屬燕」『山海経』）、夫餘の前身の濊貊〈わいはく〉にも「王殺し」の慣習があり、それが燕から倭国に伝播したであろうか？　あるいは、夫餘と同盟を結んでいた公孫氏との交流を通じて、夫餘の慣習が倭国に伝播したであろうか？　それとも、高麗は扶余の別種（「高麗者出自扶餘之別種也」『舊唐書』東夷伝高麗）、また、百済も扶余の別種（「百濟國本亦扶餘之別種」『舊唐書』東夷伝百濟）とあることから、高句麗（高麗は略記）や馬韓との交流を介して夫餘の慣習が倭国に伝わったであろうか？　しかしながら、『魏志』倭人伝や『記・紀』に「王殺し」の慣習の記述は見あたらない。したがって、「王殺しの慣習」が女王国に伝わったかもしれないが、それを受容することはなかったと考えたい。

　それでは、松本清張が主張する卑弥呼賜死の主因となった「爲檄告喩之」を論考してみよう。「檄」は、下位の者に対して伝えるべき内容を書いたものとされる。松本清張説では、塞曹掾史つまり帯方郡警護の下級武官でしかない張政が、「親魏倭王」の卑弥呼に対して「卑弥呼に死を賜る檄」を書いたことになる。下級武官が、いかに帯方郡の権威を以てしても、「倭女王に死を告喩」することなどあり得ないのではないか。これは、魏皇帝あるいは政府官僚に対する越権行為そのものである。以上の論考から、松本清張説は、「女王卑弥呼が高齢で、王としての霊力が衰えたため狗奴国軍に大敗した。その責任を問われて、郡の下級武官から死を賜った」と解釈できることになり、理に合わない。松本清張説と同様、「爲檄告喩之」の「之」を「人物」として、「だれだれに、告げおしえた」と理解する先学も多い。この解釈は、新女王になった台与について、「政等以檄告喩壹與」の一条があり、張政が「壹與（台与）に」檄文を告諭したと解読できることに準じている。つまり、告諭の目的語が人物であり、前出の「爲檄告喩之」の「之」は「卑弥呼に」あるいは「難升米に」と解することが出来るとするのである。

『魏志』倭人伝は、張政が為した「檄」の内容を記さないので、その内容をいろいろと想像できるが、張政は女王国の戦闘を応援するために派遣されたのであるから、「檄」は軍事作戦書とすることが理に合う。従って私は、「遣塞曹掾史張政等因齎詔書黄幢拜假難升米爲檄告喩之」の「之」を、「難升米に」あるいは「卑弥呼に」と解釈するのではなく、「之」つまり「檄文を」告喩したと解釈するのである。なぜならば、張政は女王国軍の戦闘を支援するために帯方郡から派遣された武官であるならば、「檄」は軍事作戦書が必然であるからである。

また、松本清張説のような解釈ではなく、「爲檄告喩之」で文章は終わり、「卑彌呼以死」は「大作冢　径百餘歩徇葬者奴婢百餘人」につながる記述とすべきであると、私は考えた。

＊　確かに、鳥栖市柚比本村遺跡や吉野ヶ里遺跡出土の甕棺墓には、頭蓋骨の無い遺骨が検出されている。その墓の主が「王殺し」にあった王なのか、威力があり幾多の航海に成功を修めたが、最後の航海に失敗したため誅殺された持衰〈じさい〉なのか、狗奴国との戦闘で殺害された有力な武人であったのか？　遺骨は黙して語らず。

(五)「卑彌呼以死」を「卑彌呼は以〈すでに〉死んでいた」と読む説を考える

他に、「張政が邪馬台国に派遣されて来たときには、女王卑弥呼は既に死んでいた」、つまり卑弥呼は自然死していたとする説もある（上田正昭説、栗原朋信説、三木太郎説、佐伯有清説、笛木亮三説など　＊「卑弥呼は殺されたか！～「卑彌呼以死」～」　笛木亮三『季刊　邪馬台国』　１２５号　梓書院　２０１５年　所収）。

「卑弥呼は既に死んでいた」とする説について論考しよう。この説は、「以」を「すでに」と訓んで、「張政が倭国に派遣されてきた時には、既に卑弥呼は死んでいた」と解釈するものである。狗奴国との戦いにさいして、下級武官とはいえ、張政は女王の軍勢を支援するために、派遣されてきたのである。女王国に到着した時既に「親魏倭王」の卑弥呼が自然死していたのであれば、張政はすぐさま帰国すればよい。倭人の戦闘に巻き込まれることはないではないか。それに、あとで詳述するが、「卑彌呼以死」に続いて「大作冢　径百餘歩徇葬者奴婢百餘人」とあり、卑弥呼の墓つくりを、張政は見ていて、その情景を魏あるいは西晋の王朝に復命したとできる。であるならば、張政は女王卑弥呼の殯〈もがり〉の場に都合良く到着したことにならねばならない。女王卑弥呼の死と張政の到着の時間軸を都合良くあわせる必要があり、この解釈には、無理がある。

『魏志』倭人伝によれば、張政は、その後約十八年間倭国に滞在し、台与（臺與、壹與）の新女王推戴（「復立卑彌呼宗女壹與年十三爲王」）、その後の魏王朝と晋王朝への朝貢など台与の政治に貢献している。私は、張政は女王卑弥呼に謁見し、それで女王国支援の信義を全うしようとしたと理解する。

＊**「卑彌呼以死」**は、『魏志』倭人伝の中のハイライトであり、これまで錚錚たる文系の歴史学者、古代史研究家が様々に論考・考察してきた。その詳細に興味ある読者は、「卑弥呼は殺されたか！〜「卑彌呼以死」〜」（笛木亮三『季刊 邪馬台国』125号　梓書院　2015年）を一読してください。ただし、読まれれば、わかることですが、それらの「卑彌呼以死」に関する論考は現代日本人目線でなされており、復命した張政や復命書を読んで『魏志』倭人伝を著した陳寿の目線をほとんど考慮していないことが、理解できるでしょう。どれも「木を見て森を見ず」的な論考であると覚えるのは、私だけであろうか。

（六）二回の皆既日食を考える

卑弥呼の死との関連が想定される二四七年と二四八年の皆既日食について、考えてみよう。最近の詳細な研究では、北部九州では皆既日食ではなく深食であり、天地が暗黒になるには到らないとされた（谷川清隆・相馬充『「天の磐戸」日食候補について」『国立天文台報』13巻 2010年）。それでも、太陽が九割ほど欠ければ、古代の人々には驚天動地の出来事であったとできよう。

その後、同じ国立天文台から、二四七年三月二四日の日食の深さに関して訂正がなされる報告がでた。それによると、北九州ではかなりの深食であり、特に北九州市や北九州沿岸の島々では皆既日食であった可能性があるとのことである（相馬充ら「２４７年３月２４日の日食について」『国立天文台報』１４巻２０１２年）。

また、二四八年の皆既日食についても、食の度合いおよび時間帯に訂正がでるかもしれない。というのは、『日向國風土記』逸文に、瓊々杵尊〈ににぎのみこと〉が高千穂の二上峰へ天降りした朝に、天地が暗黒になったとする説話があり、これは、二四八年九月五日早朝の皆既日食を表すと考えられるからである。

『日向國風土記』逸文は以下のように記す。

「臼杵の郡の内、知鋪（＝高千穂）の郷。天津彦々瓊々杵尊、天の磐座を離れ、天の八重雲を排けて、稜威の道別き道別きて、日向の高千穂の二上の峯に天降りましき。時に、**天暗冥く、夜昼別かず、人物道を失ひ、物の色別き難たかりき。**ここに、土蜘蛛、名を大鉏〈くわ〉、小鉏と曰ふもの二人ありて、奏言ししく、『皇孫の尊、尊の御手以ちて、稲千穂を抜きて籾と為して、四方に投げ散らしたまはば、必ず開晴りなむ』とまをしき。時に、大鉏等の奏ししが如、千穂の稲を搓みて籾と為して、投げ散らしたまひければ、即ち、**天開晴り、月日照り光きき。**因りて高千穂の二上の峯と曰ひき。後の人、改めて智鋪と號く。」（図2－12）。

多くの稲穂を持った瓊々杵尊一行が、日向国の高千穂の二上の峯に天降りしているちょうどその時、皆既日食あるいは深食が起こったことを物語るように読み取れる。

「瓊々杵尊の天降り譚」に合わせたわけではないが、『超高速天文シミュレーション』（アスキー）を使って、タイムスケールを二四八年九月五日の午前五時にセットし、観測地点を熊本・宮崎県境の高千穂の国見岳あたりに指定して、二四八年九月五日早朝の皆既日食のシミュレーションが試みられている（井沢元彦『卑弥呼伝説』集英社文庫　１９９７年）。それによると、「真東の少し左側の地平線から、黒い太陽が顔を出した　↓　少しずつ太陽がその姿を露わしていく　↓　太陽の半分が姿を見せても、まだ光は見えない　↓　地平線上に完全に昇って、ようやく太陽の光が見えた。」

このシミュレーションの結果は、『日向國風土記』逸文にある瓊々杵尊の高千穂の二上峰への天降り説話における日食による暗黒化と日照の回復の描写とよくあっている。日食により、天地が暗闇に包まれたのは確かであろう。

図 2-12 高千穂の国見峠に建つ瓊瓊杵尊の天降り像

『日向國風土記』逸文と記紀神話の「天の磐戸」説話および『魏志』倭人伝の「卑弥呼の死」から読み取れることは、卑弥呼が女王国で、女王国の武人により誅殺されているまさにその時、瓊々杵尊一行が高千穂の二上峰へ天降りしたということである。記紀神話は、瓊瓊杵尊（瓊々杵尊、邇邇藝命）を天孫（天照大神の孫）とする。しかし、『日向國風土記』逸文の**瓊々杵尊を、卑弥呼を神格化した天照大神の孫（天孫）とするには時間軸がまったくあわない。**それでは、記紀神話に物語られる瓊瓊杵尊（瓊々杵尊、邇邇藝命）は、誰を神格化したのか？ 答えは、自書『日向国の神々の聖蹟巡礼』に述べてある。

第六章　「大作家　徑百餘歩徇葬者奴婢百餘人」

「卑彌呼以死　大作家　径百餘歩徇葬者奴婢百餘人」

この一条を、「卑弥呼は既に死んだ。それで、大いに冢〈ちょう〉を作った。径〈さしわたし〉は百余歩、殉葬者は奴婢百余人」と、私は訓む。そして、卑弥呼の死をきっかけに、「更立男王國中不服　更相誅殺當時殺千余人」という激しい王座争いがおこり、それを収めるべく「復立卑彌呼宗女壹與年十三爲王」と、新女王の誕生にいたるのである。その後、武帝（司馬炎）が魏の禅譲を受けて西晋を興すと（二六五年）、翌年に、台与は、張政を送って朝貢団を派遣している（「泰始初　遣使重譯入貢」）。このように、卑弥呼の死と台与の新女王即位（二四八年）から西晋王朝への朝貢にいたる十八年間、倭国における事績がほとんど『魏志』倭人伝に記されていないのである。これは、張政が報告を帯方郡か魏臺に送らなかったためと思われる。そのため、卑弥呼の死の経緯も、二四八年九月五日の朝の皆既日食も『魏志』倭人伝に記されなかった。

では、卑弥呼の冢〈ちょう〉は、どこに作られ、その大きさはいかほどであったのか？　冢は「高い土盛りの墓」を意味する。冢は卑弥呼の遺骸を収めた木棺を埋葬するためだけに作られたのであろう。実際に奴婢百余人が生きたまま徇葬されたのかどうかはわからないが、冢の周囲に多数の奴婢を徇葬したとすれば墓域は相当にひろくなる。墳墓でないので丸い土盛りはないことから、径〈さしわたし〉は四角形の対角線か一辺ということになる。大きさを測るために、埋葬者を踏みつけるという無礼はできないので、対角線を計ったのではない。したがって、一辺が百余歩の方形の土封墓が造られたと理解できる。一辺が百余歩とすると、身長百六十～百七十㎝の人の歩幅は約四、五十㎝くらいであるので、約四、五十㍍になろう。『魏志』倭人伝では、前述したように距離の記述はかなり概数であったことから、百余歩と徇葬者百余人も実数と見るべきではないが、それでも、かなりの広さの方形墓であったと想定される。

いったい、どのように考えたら卑弥呼の墓が前方後円墳であると想定できるのであろうか？　また、先学の「百余歩」の解釈で、直径説にしても対角線説にしても、計測のため、埋葬者を平気で踏みつける無礼に思い及んでいないことに、私は驚く。このような学者・研究者は高名といえども人間として失格であると言わざるをえない。

つぎに、卑弥呼の家はどこに造られたのであろうか？　私は、卑弥呼は伊都国の権力者の女〈むすめ〉と考えたので、伊都国内に帰葬されたと判断する。卑弥呼の宮殿があった「山臺」から背振山地を越えて伊都国に到るのにかかる日数は一日（九時間）とした。この距離であれば、水銀朱に被われた卑弥呼の遺骸をいれた棺を運ぶには無理がない。さらには、皆既日食の朝、卑弥呼とともに殺害された女官や奴婢たちの遺骸を運ぶこともできたであろう。そして、殉死者として葬られた。墓の位置は、伊都国の政治の中心地であり、権力者の甕棺墓が発掘された三雲や井原地区に近い平原〈ひらばる〉がよいであろう。

現在の糸島市前原町に平原遺跡があり、そのなかに方形周溝墓が原田大六らによって発掘されている。発掘当時、幅二メートルほどの溝がめぐる方形墓の大きさは東西十八メートル、南北十四メートルであったと記録されている（『戦後５０年　古代史発掘総まくり』朝日新聞社　１９９６年）。原田大六による平原墓の発掘について、森浩一は以下のように解説している（森浩一『古墳』保育社　１９７０年。第３４２回邪馬台国の会「卑弥呼の墓」を考える『魏志倭人伝』を徹底的に読む　徇葬

Web 所収)。

「昭和四十年(1965年)二月、福岡県糸島市前原町平原で原田大六氏らによって発掘された古墓がある。その古墓は、長大な割竹形木棺を埋葬施設にし、銅鏡だけでも42面分の破片を副葬した方形周溝墓である。原田氏は、古墓の東に接した別の古墓も調査した。その際、周溝を丁寧に調べると、水を流す溝ではなく、殉(徇)葬用の墓穴を連続させた可能性がつよく、溝内に16人の殉葬があったことが推定できるとした。」(図2-13)。以上、引用終わり。

まず一号方形周溝墓であるが、周溝が水を流す溝ではなく殉死者用の墓穴だとすれば、また、同じ墓域の中に二基の墳墓(二号墓、三号墓)と殉死者用の墓穴が検出されことは、墓の規模はかなりの大きさになる。『魏志』倭人伝に記された「径百餘歩徇葬者奴婢百餘人」は決して誇張された表現ではないのかもしれない。

また、一号墓の主体部に埋納されていた長大な木棺からは、多数の丸球・管球・勾玉からなる玉飾り、耳璫、一口の素環頭大刀も検出された(図2-14)(『戦後50年 古代史発掘総まくり』前掲)。このように、槨をもたない木棺の検出は、『魏志』倭人伝が記す「其死有棺無槨封土作冢」(死者を入れる棺はあるが槨はな

図 2-13 糸島市平原王墓発掘の情景

「戦後 50 年古代史発掘総まくり」(1996 年)　96 ページより転載

平原遺跡の方形周溝墓は東西18㍍、南北14㍍。
大きく削られていたが、墓壙に納められた棺
は割竹形木棺とみられる。写真は北西から。

図 2-14 博物館内に復元された一号墓の主体部の墓壙

伊都国歴史博物館提供

い。土に封じて冢を作る）にあてはまる。

一号墓の主体部から発掘された銅鏡および銅鏡の破片から再現した鏡は、四〇面で、内訳は、直径四六・五㎝の内行花文八葉鏡五面、「大宜子孫」銘内行花文鏡二面、「尚方作鏡」銘方格規矩鏡四神鏡二二面、「陶氏作鏡」銘方格規矩鏡四神鏡九面（図2－6）、虺竜文〈きりゅうもん〉鏡二面であった。その多くは仿製鏡とされている（前原市教育委員会　2000『平原遺跡』前原市文化財調査報告書第70集　糸島市教育委員会文化課）。ここで気になる鏡がある。それは五面の内行花文八葉鏡（図2－9）である。詳細は別に述べるが、伊勢神宮内宮に奉祭される天照大神の神魂の鏡が「八頭花崎八葉形」（＝八葉鈕座八連弧文鏡）であり、同じ文様なのである（ただし大きさは直径八寸ほど）。八葉鈕座内行花文鏡はもちろん、そのような巨大な銅鏡は華夏の国では作られたことがなく、仿製〈ぼうせい〉鏡、つまり国産の鏡といえる。日本人は、古代から、より大きな物を作りたいという「物作り魂」をもっていたのである（例えば、幅広銅剣・銅矛、近畿・三遠式銅鐸、そして高塚古墳等々）。

平原一号墓の実体と卑弥呼の冢に関する『魏志』倭人伝の記述とが極めて類似することから、平原一号墓（図2－15）は卑弥呼の墓とみてよいのではないか。「其

図 2-15 博物館外に復元された一号墓の家

伊都国歴史博物館提供

死有棺無槨封土作冢」は、まさに卑弥呼の墓を描写したもののように思えるのは、私だけであろうか。発掘された内行花文鏡や鏡の破砕片は、卑弥呼の宮殿に祭られていた鏡を破壊したものであり、卑弥呼の棺の傍に副葬されたと考えられる。そして、卑弥呼の八葉鈕座内行花文鏡と天照大神の神魂は、大きさは異なるが、同じ文様の仿製鏡であることから、私が指摘したように、記紀神話の天照大神に神格化されたのが、深い日食の朝に誅殺された卑弥呼と言えるのではないだろうか。誅殺されたとき、深い日食がおこった故に、卑弥呼は「日の神子」として人々に記憶されたといえよう。卑弥呼は死して、大神になったのである。

＊　安本美典は卑弥呼の都として平塚川添遺跡の環濠集落がある朝倉市あたりを主張している。一方、糸島市前原町平原の平原一号墓を卑弥呼の墓である可能性にも言及している（安本美典「卑弥呼の墓はすでに、発掘されている？」『季刊　邪馬台国』１２９号　２０１６年）。　仮に朝倉市あたりにある女王国で、卑弥呼が自然死したとして、糸島市前原町平原の地に埋葬されたとしよう。平原に到るまで、二日市構造谷をとおり、背振山地東山麓をまわって、福岡平野南部を越えていくルートでは周旋約五五㎞である。あるいは吉野ヶ里経由で背振山地を越えて平原に到るには周旋約六〇㎞である。いかに女王の都と墓地が離れていても不自然ではないとはいえども、往時、殯が終わった卑弥呼の遺骸を長距離運搬するのはさぞかし大変であったであろう（はたして、運搬は可能であったであろうか？）。もうひとつの問題は、氏が卑弥呼の都があったと主張する平塚川添遺跡の環濠集落がある朝倉市は、伊都国と比定される糸島市の南ではなく南東方向になる。それでは、『魏志』倭人伝の記述に合わないではないか。ところで、氏のいう邪馬台国の前身に滅ぼされた「金印奴国」とはなにもの？　「金印の委奴国」であればわからなくもないが。史実に基づかない造語は読者を困惑させる。

補考　伊勢神宮の天照大神の神魂を考える

伊勢神宮内宮は、**天照大神の神魂**を奉祭していることは、日本人であれば、だれもが知っている。では、天照大神の神魂とは、なにであるのか？　現在では、神聖不可侵で誰も見ることはできない。一説では明治天皇が見られたとも伝わる。

実は、一一六九年の内宮焼失時に、御神体が目撃されたらしく、『伊勢二所皇太神御鎮座伝記』には、鏡の鏡背の文様は「**八頭花崎八葉形也**」とある。つまり「八葉鈕座八連弧文内行花文鏡」となる。「八葉鈕座」の連弧文鏡は、華夏の国では全く見られないことから、仿製鏡すなわち国産といえる。『皇大神宮儀式帳』には、鏡を入れる「樋代〈ひしろ〉」の寸法は、「高さ一尺四寸、深さ八寸三分、内径一尺六寸三分、外径二尺」と著されている。また、『文永三年内宮遷宮沙汰文』によれば、樋代の寸法は、「高さ一尺七寸八分、口径一尺、蓋口径九寸」で、その内に「黄金の樋代」があると記録されている。その黄金の函の寸法は「高さ一尺三寸、径九寸」で、覆蓋があると伝わる。さらには、鏡は「往古より錦袋に納め安置し奉れるを、遷宮の度ごとに新しき袋を調りて旧の袋のままにて納奉る」とされる。蓋口径九寸（約二七㎝）の黄金の樋代に入り、幾重もの錦袋に納められているとなると、鏡の直径は約二七㎝よりも小型であることになる。

また、天照大神の神魂の鏡の形代（レプリカ）が、崇神天皇の時代（六年）に作られ、爾来、皇居に安置され、歴代の天皇が斎祀ってきた。こちらも、神聖不可侵で、いかに天皇といえども見ることができないそうである。ところが、天徳四年（九六〇年）、六十二代村上天皇の代に、宮中が火事に遭い、温明殿に祭れていた三種の神器のうち、幸い剣と勾玉は持ち出されて難を逃れたものの、八咫鏡は間に合わず、温明殿ごと焼けてしまった。その焼け跡から三面の鏡が発見され、このとき初めて八咫鏡が三面あったことが分かった。村上天皇の日記には、小さな傷のある直径八寸ほど（約二四㎝）の鏡が焼け跡から見つかったと記されている。

『日本書紀』には、天照大神が天の岩屋戸から出るとき、鏡が岩戸に当たって小疵〈こきず〉が付いたと記されている。天照大神の神魂の鏡の形代は、その小傷を忠実に写しとっていたのである。

天照大神の神魂は、直径八寸ほどの「八頭花崎八葉形の鏡」とできる。この文様は、糸島市の平原遺跡一号墳から出土した超大型「八葉鈕座内行花文鏡」と同じであるのだ。この一致から、卑弥呼は天照大神に神格化されて記紀神話に物語られていると、私は考えるのである。それではどのようにして天照大神の神魂の鏡がつくられ、そして、なぜ三重県の伊勢神宮内宮に鎮座しているのか？　その答えは、一部前述したが、詳細は、自書『日向国の神々の聖蹟巡礼』に述べてある。

第七章　「復立卑彌呼宗女壹與年十三爲王」

卑弥呼誅殺の後、「更立男王國中不服　更相誅殺當時殺千余人」という激しい王座争いがおこり、それを収めるべく「復立卑彌呼宗女壹與年十三爲王」と、新女王の誕生にいたるのである。卑弥呼の宗女であった台与（臺與、壹與）が十三歳で新女王に推戴された。宗女とは、卑弥呼一族の女ということになるが、系図の詳細を『魏志』倭人伝は記さない。私は、卑弥呼を佐けて外交を専らにし、また狗奴国との戦闘で黄幢を掲げて活躍した難升米〈なしめ〉が卑弥呼一族の長であり、台与はその娘と考えたい。難升米が卑弥呼の後を襲って王となれなかった、あるいは王とならなかったのは、狗奴国との戦闘に敗北した責任の故であろう。なお、神功皇后紀では難斗米と記されており、『魏志』倭人伝のほうが誤字（誤植）のようである。

『魏志』倭人伝は、「政等以檄告喩壹與　壹與遣倭大夫率善中郎將掖邪狗等二十人送政等還因詣臺　獻上男女生口三十人　貢白珠五千孔　靑大句珠二枚　異文雜錦二十匹」と記すだけで、台与の詳細な事績はない。

前述したが、『晋書』倭人伝（六四八年）、『梁書』倭国伝（六二九年）、『通典』邊防第一・倭（八〇一年）は、卑弥呼の死後の宗女臺輿（台与）の女王即位、更に男王の即位、そして、晋の文帝（司馬昭）がまだ魏の宰相であった頃、男王が魏へ朝貢を幾度か行い、その際に臺輿（台与）と並んで中国の爵位をもらったことを伝える。普通に考えれば、台与は結婚して子をなしていたといえる。司馬昭がまだ魏の宰相であった二六〇年頃には、台与は二十五、六歳であるから、子がいても不思議ではない。それが饒速日であることは前に論証した。

『魏志』倭人伝には「政等以檄告諭壹與」とあるが、女王になった台与（壹與、臺輿）に張政はどのような檄を告諭したのであろうか？ 魏に朝貢して、冊封に入ることを告諭したのであろうか？ しかし、魏への朝貢は、司馬昭が魏の宰相であった頃であるので、女王即位から約十二年後の事となり、遅すぎる。

張政の檄の内容は、「九州島における狗奴国との戦争の無益さ、人的消耗、呉の侵攻の危惧」を告げ教えるものであったとしたい。それにしたがって、台与は女王国の遷都を考えたのではないかと、私は考える。誅殺された卑弥呼の血で、そして王位を争った多くの武人の血で穢された「山臺」（吉野ヶ里丘陵）からの遷都である。遷都先は本州島の中洲〈うちくに〉、つまり日本の中心である。そのためには、投馬国（出雲国）の葦原中国を拠点にして本州島を統治する大國主命から、その統治権を奪う必要があった。ここから歴史の舞台は出雲国と大和国に移る。そして、十八年後、大國主命の国譲りをみとどけた張政は、率善中郎将の掖邪狗ら二十人に送られて、晋の洛陽に還えるのである。男女生口三十人、方物の白珠五千孔・青大句珠二枚・異文雑錦二十匹をたずさえた掖邪狗ら二十人は、司馬炎（武帝）の臺に詣でた。時は、泰始二年（二六六年）であった。

＊　出雲国の大國主命に国譲りするよう働きかけ、大國主命が国譲を承諾するまでに要した年月が約十数年と『日本書紀』にある。台与が女王になった二四八年に十六、七年を加えると二六四〜二六五年になり、張政が西晋に帰国した二六六年とほぼ合う。このように『日本書紀』の大國主命の国譲り譚と『魏志』倭人伝が記す張政の日本滞在の年数とが、それぞれ不思議と一致するのである。張政は、葦原中国の平定が成ったことを見届けて、帰国したと考えてよいであろう。

おわりに

吉野ヶ里歴史公園のホームページにある「吉野ヶ里の遺跡の終焉」の言葉を紹介します。

「三世紀後半頃、吉野ヶ里遺跡全体を取り囲む環壕は、ほぼ埋没し、北内郭、南内郭とともにその機能が失われてしまったと考えられています。それと前後して、南内郭付近の丘陵部には4基の前方後方墳が築かれます。吉野ヶ里丘陵の南部一帯は、人々の生活する集落から、人が葬られる埋葬の地へと変化したようです。吉野ヶ里に集まって住んでいた人々は、どこに行ったのでしょうか？　弥生時代の終焉と共に、どこかへと移り住んでしまったのでしょうか？」

※　私は、「山臺」における卑弥呼と台与などの活躍の情景は、吉野ヶ里遺跡北内郭に復元された祭殿などの建築物を宮殿や宮城にみたてて描写した。

参考文献

『三国志』魏書倭人伝　日中韓・三国通史　堀貞雄　Web
『魏志』倭人伝　全文　デジタル邪馬台国　Web
「魏志倭人伝をそのまま読む」
http://himiko-y.com/scrp3/wajinden.htm
『山海経』海内北經　古代史獺祭　Web
『漢書』巻二十八下　地理志第八下燕地条　古代史獺祭　Web
『後漢書』倭伝　日中韓・三国通史　堀貞雄　Web
『三国志』魏書馬韓伝　日中韓・三国通史　堀貞雄　Web
『三国志』魏書弁辰伝　日中韓・三国通史　掘貞雄　Web
『三国志』呉書呉主伝　三国志修正計画　いづな　Web
『三国志』魏書夫餘伝　日中韓・三国通史　堀貞雄　Web
『三国史記』高句麗本紀　日中韓・三国通史　堀貞雄　Web
『晋書』倭人伝　日中韓・三国通史　堀貞雄　Web
『宋書』倭国伝　日中韓・三国通史　堀貞雄　Web

『梁書』倭国伝　日中韓・三国通史　堀貞雄　Web
『通典』邊防東夷上・倭國　漢籍の書棚 ALEX の書斎　Web
『旧唐書』倭国・日本国伝　日中韓・三国通史　堀貞雄　Web
『舊唐書』東夷伝　ALEX の書斎　Web
『古事記』上、中　全訳注　次田真幸　講談社学術文庫　2009 年
『古事記』原文　藤田隆一　Web
『日本書紀』一、二　坂本太郎他校注　岩波文庫　2012 年
『日本書紀』原文　藤田隆一　Web
現代語訳『先代旧事本紀』ハンドルネーム大田別稲吉　Web
現代語訳『古語拾遺』Web
『古語拾遺』資料篇（原文・書き下し文）Web
邪馬台国大研究：歴史倶楽部 168 回例会・肥後熊本・吉野ヶ里の旅　井上筑前　Web
「方保田東原遺跡」　山鹿市教育委員会社会教育課　Web
「古代製鉄原料としての褐鉄鉱の可能性」　山内祐子　Web
『上代の日向延岡』鳥居龍蔵　鳥居人類學研究所　昭和十年

『清張通史』Ⅰ『邪馬台国』松本清張　講談社　昭和五十一年
『方格規矩四神鏡図録』京都国立博物館　1969年
『古鏡』樋口隆康　新潮社　1985年
『巌窟蔵鏡』梁上春　（田中卓、岡村秀典訳）同朋舎出版　1989年、
『日本神話の考古学』森浩一　朝日新聞社　1993年
『戦後５０年　古代史発掘総まくり』朝日新聞社　1996年
『卑弥呼伝説』井沢元彦　集英社文庫　1997年
『平原遺跡』前原市文化財調査報告書第７０集　糸島市教育委員会文化課
　前原市教育委員会 2000年
『逆説の日本史』１　古代黎明編　井沢元彦　小学館　2001年
『三角縁神獣鏡が映す大和王権』宮﨑照雄　梓書院　2010年
『邪馬台国はここだ』　奥野正男　梓書院　2010年
『日向国の神々の聖蹟巡礼』　宮﨑照雄　スピリチュアルひむか観光協議会
　2017年
「『天の磐戸』日食候補について」谷川清隆・相馬充　『国立天文台報』
　13巻 2010年

「２４７年３月２４日の日食について」相馬充ら『国立天文台報』14巻　2012年
「漢の印制から見た『漢委奴国王』蛇鈕金印」　高倉洋彰　『季刊　邪馬台国』120号　梓書院　2014年
「卑弥呼は殺されたか!〜「卑彌呼以死」〜」（笛木亮三『季刊　邪馬台国』125号　梓書院　2015年
「卑弥呼の墓はすでに、発掘されている?」　安本美典　『季刊　邪馬台国』129号　梓書院　2016年
「方保田東原遺跡の全容」　中村幸史郎　『季刊　邪馬台国』133号　梓書院　2017年

巻三　記紀神話にみる『魏志』倭人伝外伝

はじめに

巻一において、『魏志』倭人伝を読み解き、女王卑弥呼が都した女王国を吉野ヶ里丘陵に比定した。また、巻二では女王卑弥呼の死のいきさつと卑弥呼を葬った冢の所在地を明らかにした。

本巻では、『魏志』倭人伝が伝えない、女王共立前の卑弥呼、卑弥呼の死後における宗女台与および卑弥呼の男弟の事績について、記紀神話を活用して解明してみた。

第一章　女王即位前の卑弥呼と卑弥弓呼

私は、現在の福岡平野を版図にしていた「伊那国」の王が、紀元五七年に後漢の光武帝に奉貢朝賀して「漢委奴国王」の金印を授与された後に、「伊那国」に内部紛争がおこり、奴国と伊都国に分離したと解した。その後、伊都国は、背振山地南山麓の丘陵地を新たな領域として、開発を進めた。一〇七年には、伊都国王の帥升が、「倭国王」の叙任を求めて後漢の安帝に朝貢するが、その際、奴国の技術者百六十人を献上してしまった。このことを不満に思った奴国の人々が、現在の熊本県の菊池川流域の菊池市・山鹿市・玉名市あたりに移住して鉅奴国（大奴国）を建てた。その後、国力を増大させた鉅奴国は、伊都国と倭国の覇権をかけて争うことになった。それが倭国大乱である。ここまでの経緯の詳細は既に述べた。

では倭国大乱が起こるまでの卑弥呼と卑弥弓呼〈ひみここ〉について考えてみよう。

伊都国と奴国が分裂したあと、両国は融和を図るため、伊都国の卑弥呼と奴国の卑弥弓呼は政略結婚させられたと、私は推察した。政略結婚とはいえ、年長の卑弥呼のもとに卑弥弓呼が入り婿する形であった。その二人が暮らしたのが、安河が流れる邑である。安河が流れる邑（現在の平塚川添遺跡の環濠集落？ 旧福岡県朝倉郡夜須町）が高天原であり、卑弥呼が都する邪馬台国であるとする安本美典説にしたがえば、平塚川添遺跡の環濠集落は、二日市構造谷（筑紫コリドー）の南端域にある。福岡平野を拠点とする奴国と、背振山地南山麓の丘陵にできた伊都国の新開発領域との中間地点にあたることから、伊都国と奴国の融和を図るために政略結婚した卑弥呼と卑弥弓呼が暮らすにはふさわしい所であったと言えよう。

では、どうして卑弥弓呼が入り婿の形で卑弥呼と結婚していたといえるのか？ この状況を記紀神話はどのように記しているのであろうか？『日本書紀』の「天照大神神話（以下、天照神話〈あまてらすしんわ〉と略する）」の内容は潤色が大きいので、ここでは『古事記』に基づいて命題だけについて論じることとする。再度記すが、私は、天照大神は伊都国の表徴で人格は卑弥呼、月読命は奴国の表徴で人格は卑弥弓呼、須佐之男命は鉅奴国（狗奴国）の表徴で人格は卑弥弓呼に比定している。

髭が胸元に垂れ下がるほどになっても、妣国〈なきははのくに〉に行きたいと泣きわめく須佐之男命〈すさのをのみこと〉は、伊邪那岐命〈いざなぎのみこと〉にしかられて国を追放される。そこで、須佐之男命は高天原にいる姉の天照大神のもとに出向いて行く。高天原では、須佐之男命が国を奪いに来たとおぼえた天照大神が武装して待ち構えていた。その姿をみた須佐之男命は、悪い心で来たのではないことをうったえ、天の**安河**の河原で「子生み」を賭けた誓約〈うけい〉を行う。お互いの物実〈ものざね〉を交換して、天照大神は須佐之男命の十拳剣〈とつかのつるぎ〉を食して三柱の女子を、須佐之男命は天照大神の八尺勾璁の五百箇の美須麻流〈みすまる〉の珠を食して五柱の男子を、それぞれに生んだ。この武装した天照大神と須佐之男命が「子生み」を行うことは、倭国大乱の期間中に卑弥呼と卑弥弓呼が結婚していたことを示しているといえよう。

誓約で生まれた三柱の女子は須佐之男命の子とされ、胸形（宗像）の地に降される。私は、宗像市あたりまでを奴国の領域とみなしているので、卑弥弓呼は出身地の奴国に三女子をつれて戻ったとしたい。倭国大乱の収拾に、卑弥呼が倭女王に共立されたことにより、卑弥呼と卑弥呼は離別させられ、卑弥弓呼は出身地の奴国に戻ったといえよう。その後、卑弥弓呼は鉅奴国の王に推戴され、鉅奴国に移った。それ故、私は鉅奴国の卑弥弓呼も須佐之男命に神格化されて、天照神話に物語られるとしたのである。鉅奴国で卑弥弓呼は御子の狗古智卑狗（菊池彦）を得た。

一方、天照大神の御子にされた五柱の男子（正勝吾勝勝速日天之忍穂耳命、天之菩卑能命、天津日子根命、活津日子根命、熊野久須毘命）であるが、生物学的に考えてみると、いかに神話といえども男神が「子生み」できるわけがない。しかしながら、天之忍穂耳命、天之菩卑能命および天津日子根命の三柱だけは事績が物語られている。特に、天菩日命（天之菩卑能命）の裔は出雲国造となり、出雲大社に大國主大神を斎祭って現在にいたっている。だから存在を否定できないのであるが、どのように考えても彼らの出自は謎とせざるを得ない（＊読者の皆様のなかで、この謎解きができましたら、その答えを教えてください）。

女王に共立された卑弥呼は、**安河**が流れる邑（旧福岡県朝倉郡夜須町）から吉野ケ里丘陵（「山臺」）の王宮に遷ったとしたいが、天照神話にはそのような記述はない。記紀神話で物語られる高天原は、当然のことながら天上界にあるわけではない。高天原は天照大神が支配する処であり、高天原はかなり大きな版図をもつと想定してえがいためであろうか。

「山臺」にある王宮を、二四〇年に、魏の返礼使が訪問した際には、女王卑弥呼は高齢で独身であったため、「年巳長大無夫壻」と紹介されたのであろう。私は、天照神話が記すように、卑弥呼には子があったとしたい。

第二章　『魏志』倭人伝「卑彌呼以死」と記紀神話に見る天照大神の天石屋戸隠れ

その後、鉅奴国の王となった卑弥弓呼が、国策の異なる（不和になる）女王卑弥呼と、互いに攻撃し合う状況はどのように表わされているのか？

高天原で、須佐之男命は、天照大神の神田を壊したり、神殿を糞で汚したり、機織女を死に追いやったりと、乱暴狼藉をはたらく。この情景が二四〇年代後半からおこった「女王国」と鉅奴国（狗奴国）との戦闘を表しているとしたい。鉅奴国軍のほうが攻勢であったのであろう。

そして、須佐之男命の乱暴狼藉に悩んだ天照大神は天石屋戸〈あめのいわやど〉に隠れ籠もることになる。いわゆる「天石屋戸隠れ」である。それでは、天照神話のなかに、『魏志』倭人伝はどのようなかたちで、とりこまれているのであろうか？

「天石屋戸隠れ」条では、「須佐之男命の乱暴狼藉に悩んだ天照大神が天石屋戸に隠れ籠もることになった結果、高天原も葦原中国も暗闇に包まれ、何日も夜の状態が続いた」と記す。

この情景は、鉅奴国の攻勢に苦戦している最中に突如として、夕方に皆既日食が起こって、新月のため真っ暗な夜になってしまったと、解される。この皆既日食は、二四七年三月二四日夕方の皆既日食とできよう。皆既日食をみて、戦況が不利な上に、霊力の衰えを覚えた女王卑弥呼は魏の帯方郡に支援を求めた（「八年太守王頎到官　倭女王卑彌呼與狗奴國男王卑彌弓呼素不和　遣倭載斯烏越等詣郡説相攻撃状」『魏志』倭人伝）。帯方郡から塞曹掾史（武官）の張政が派遣され、女王国軍を指揮する難升米のもとに魏の皇帝の詔書や黄幢（軍旗）が拝仮された。また、張政も檄（戦争作戦書）を作り、作戦を告げ諭えて、女王国軍の戦闘を支援した（「遣塞曹掾史張政等　因賫詔書黄幢拝假難升米　爲檄告喩之」『魏志』倭人伝）。狗奴国の卑弥弓呼は、高齢になった女王卑弥呼にかわり難升米の率いる女王国軍に攻勢をかけ、翌二四八年九月には派遣武官張政の檄のかいもなく、女王国軍は打ち破られてしまった。この戦争の敗北に激怒した女王国軍の武人は、敗北が霊力の衰えた女王卑弥呼の所為として、九月五日の未明に女王の宮殿を襲い、「日の神」に祈るため奉る新鏡を持つ卑弥呼を誅殺した。また、卑弥呼が祭っていた多くの鏡を持ち出して破壊するだけではなく、宮殿の女官達も惨殺した。

宮殿に居た宗女の台与は女官とともに、卑弥呼の亡骸を宮室内に移し、宮殿の扉を固く閉て門をかけ、中にとじ籠って残りの鏡を護った。

その後、女王国の武人達が、女王卑弥呼に代わる王座をかけて戦いあった（「更立男王國中不服　更相誅殺當時殺千餘人」『魏志』倭人伝）。

この一連の事件を『古事記』は、

「高天原皆暗く、葦原中国も悉くに暗し、あらゆる神の声が夏の蝿のように満ちあふれ、あらゆる災いがことごとく起こった」と短く記す。

騒乱を収拾するため、難斗米（難升米）の采配で女王国と同盟を結んでいた国々の首長達の話し合いがもたれ、卑弥呼の宗女である台与（壹與、臺與）が新女王として推挙されることになった。しかし、卑弥呼の殺害を目撃した台与は、怯えてしまい、宮殿から出ようとしなかった。そこで難斗米と首長達は、台与を宮殿から招き出すことを謀った。

天照神話は記す、

「八百万の神々は、天の八湍河の河原に集まって、どのようなお祈りを奉るべきかを相談した。」

そこで、台与を招き出すため、卑弥呼の殯〈もがり〉を催すことになった。トをすると、吉と出た（「俗舉事行來　有所云爲　輒灼骨而卜　以占吉凶　先告所卜　其辭如令龜法　視火坼占兆」『魏志』倭人伝）。

この時、鏡の前を飾る玉飾り、および守護の武器も作られた。『記・紀』・『古語拾遺』・『先代旧事本紀』は記す。

「櫛明玉神が八坂瓊の五百筒の玉飾りを、石凝姥命が天の金山の銅を採って日矛〈ひぼこ〉を、天目一箇神が諸々の刀・斧および鉄鐸〈てつたく〉を作った。鉄鐸は日矛に飾りつけられた。云々。天の香山の枝葉のよく茂った賢木を掘りとり、賢木の上の枝には八咫鏡を掛け、中ほどの枝には八坂瓊の玉飾りを掛け、下の枝には青和幣・白和幣を掛けた。」

これで、殯の準備が整ったのである。

「天宇受売命〈あめのうずめのみこと〉が天の香山の天蘿〈かげ〉を襷として掛け、天の香山の真坂樹を髪に纏い、天の香山の笹の葉を手草とし、手に鉄鐸をつけた日矛を持って、天石屋戸の前に立ち、庭火を焚いて巧みに踊りをした。桶を伏せてこれを踏み鳴らし、神憑〈かみがか〉りになったように喋り、胸乳をかき出だし裳の紐を陰部まで押し下げると、高天原が鳴りとどろくばかりに八百万の神々がいっせいに笑った。」

この卑弥呼の殯の情景は、『魏志』倭人伝が記す倭人の葬儀の記述「始死停喪十餘日當時不食肉　喪主哭泣　他人就歌舞飲酒」と合う。しかしこの一条には、文字で記録を残す魏使が理解し得なかったことがある。それは、「歌舞」である。天宇受売命の行動でいえば、「歌舞」ではなく、まして、祭りの俳優のストリップショーと認識してはダメなのである。天宇受売命が「神憑りになったように喋る」とは誄〈しのびごと〉と理解すべきなのである。「誄」、つまり現代の葬儀の際の「弔辞」である。「誄」は故人の生前の事績を述べる。天宇受売命の「舞と喋り」は卑弥呼の一代記を述べる誄であったとすべきなのだ。天宇受売命がその頭脳に記録してきた卑弥呼の一代記を、踊りながら誦唱〈ずしょう〉したのである。これが、『記・紀』に表された「誄」の初出であり、「鎮魂の神楽」の起源とみるべきなのだ。

「天照大神は、祭の騒ぎをあやしまれて、石屋戸をわずかに開いて、わけを問うた。天宇受売命が答えた。『あなた様よりも、素晴らしく尊い神がおいでになっているので、喜び笑っているのです』。天太玉命と天児屋命が新鏡をそっと差し出して、天照大神に見せると、天照大神は少し細めに石屋戸をあけて鏡を見た。

そのとき天手力雄神は、その扉を引き開け、天照大神の御手をとって引き出させて言った。『復な還幸りましそ』。」

この天照大神の岩屋戸からの再臨の情景では、天宇受売命は「台与が新女王が推挙された」ことを伝え、台与は卑弥呼の鏡が無事であった事を確認した。そして、台与は、宮殿の外に出たのである。台与は十三歳にして、二代目の女王になった（「復立卑彌呼宗女壹與　年十三爲王　國中遂定」『魏志』倭人伝）。

また、天照神話は「天照大神が天石屋から出たために、高天原と葦原中国は、自然と日が照り明るくなった」と著す。この天照大神（この時は台与、臺與）の再臨が、二四八年九月五日早朝に起こった皆既日食において、深く欠けた太陽が徐々に回復して光輝く情景を表わしたのである。

殯の後日、卑弥呼の遺体は、生まれ故郷の伊都国に帰葬され、大きな冢に埋葬された。卑弥呼は、魏の少帝から下賜された大刀および身に付けていた玉飾りや耳飾りなどの装身具とともに木棺に入れられて手厚く葬られたことは言うまでもない。また、日食の朝、女王の宮殿での騒動で破壊されて散乱した鏡片は、集められて棺の足下に埋納された。他方、破壊を免れた大宜子孫銘内行花文鏡（「日像鏡」）やいくつかの方格規矩四神鏡は頭部近くに埋納された（図2-13）。また、王宮で殺害された官女もともに冢のまわりに埋葬された（「卑弥呼以死　大作冢径百餘歩　徇葬者奴婢百餘人・・・」『魏志』倭人伝）。

皆既日食の日（九月五日）の出来事は「山臺」の国の人々の間に強烈な印象となって深く記憶され、また、卑弥呼を「日の神」に神格化した。天宇受売命がその頭脳に記録してきた卑弥呼の一代記は、「天照大神神話」として脚色され、歴代の猿女君により天武朝まで伝承されることになる。卑弥呼は、死して「神＝天照大神」になったのだ。

卑弥呼が誅殺されるとき手にしていた新鏡である仿製「八葉鈕座内行花文鏡」＝「八頭花崎八葉形の鏡」（『伊勢二所皇太神御鎮座伝記』Web）が、卑弥呼の霊代となり、また天照大神の神魂となった。

以上述べたように、二四七年三月二四日の夕方におこった皆既日食から二四八年九月五日朝の皆既日食までの一年半の間の出来事を、天照神話は長い夜の間の出来事として表したといえる。夕方の皆既日食はまさに太陽の消滅であり、新月のため暗黒の夜になる。これを体験した人々には、そのまま太陽が消滅してしまい、暗黒の夜が永遠に続くのではないかと覚えるほどの恐怖を感じたからであろう。二四八年九月五日朝の皆既日食では、暗闇の深食から、食が過ぎて太陽の姿が回復していく状況であった。消えていた太陽がしだいに姿を現して、天地が明るくなっていく情景が、天照大神（この段階では台与）の再臨として表されたのである。

補考　古代史の伝承者、天鈿女命（天宇受売命）と猿女君

現在の我々は、古代の歴史は、エジプト、メソポタミア、ギリシア、中国のように文字をもって石、粘土板、金属器に刻まれた金石文を正史と見なしている。それで、固有文字を持たなかった日本の古代史は、飛鳥時代以降の後世に作られた説話とされてきた。しかし、古代日本人は、華夏の歴代王朝に朝貢してきていたことから、華夏の王朝がその国の歴史を筆録して史書として遺存させていることを見聞し、歴史をまとめ、伝えることの重要性を理解していたと、私は考える。日本人も国の歴史を記録することの重要性をしっかりと理解していた。そのための「記録媒体」を発見し、自分達の歴史を記録してきたとしたい。その「記録媒体」は「人の脳」であり、記録方法は「誦と舞」であった。しかもバックアップをしっ

かりと備えていた。それが九州北部地方の国々では猿女君〈さるめのきみ〉の集団であり（男も女も猿女君とよばれた）、出雲国では語部〈かたりべ〉と呼ばれた。

天鈿女命（天宇受売命）は祭りの俳優のストリッパーではない。「伴緒〈とものお〉」、つまり、猿女の集団の長であるのだ。長である徴に、結上げた髪に鈿（金のかんざし）を差していた。邪馬台国や鉅奴国に猿女君、また出雲国には語部が居て、それぞれの国の歴史を「誦〈しょう〉（そらんずること）」で記憶し、代々伝承してきた。それが、猿女君や語部の職掌であった。

『古事記』の序に「（天武）天皇は阿禮〈あれ〉に勅語して『帝皇日継』〈ていおうのひつぎ〉と『先代旧辞』〈せんだいのくじ〉を誦習させたまいき」とあり、帝記と旧辞が『古事記』の本体なのである。例えば、「帝記」とは、「精細な皇統譜であり、口頭で述べる系図のなかにその事績の物語を加えていくもので、天皇の殯宮儀礼に誦されたもの」（山本健吉　福永武彦訳　現代語訳『古事記』河出文庫　所収）。つまり、天皇の殯宮で奉られる誄であり、現代的に言えば、故人に対する弔辞である。宮廷に鎮魂の術で仕えた猿女君の職掌でもあったはずであるから、歴代の猿女君が朗誦〈ろうしょう〉していたといえる。

蘇我蝦夷の変（六四五年）で、紙に記録された史書が火災で灰燼に帰しても、古代史の記録が残り、八世紀初頭に『記・紀』さらに『風土記』が編纂できたのは、「人の脳」という「記録媒体」があったお陰なのだ。それが猿女君の誦による伝承であった。したがって、猿女君は固有名詞ではなく、歴史を記録する職能集団の一般名であると考えるべきなのだ。『日本書紀』の本文に加え「一書曰」とあり、その異伝の内容が微妙に異なるのは、誦を伝える猿女君の系統が異なっていたことに起因するといえよう。そして猿女君の誦の集大成をした人物こそが、天宇受売命を職掌の祖とする猿女君の稗田阿禮〈ひえだのあれ〉であった。

「稗田阿禮語る所の古事記これなり。阿禮は宇治土公の庶流。天宇受賣命の末葉なり」（『斉部氏家牒』大倭神社註進状 Web）

＊　日本各地の神社の由緒、遺跡や地名の命名由来に、記紀神話や『記・紀』の説話のダイジェストが語られることが多い。真蹟はもちろんあるが、おおよそ実蹟をみいだすことができない、後世の付会も多い。「後世の付会」との非難に対して、『記・紀』が編纂されても、現代の本屋販売とは異なり、手軽に『記・紀』が入手できたわけではない。したがって、『記・紀』の内容を多くの人々が把握できないゆえに付会することは不可能である、とする反論がある。しかし、私が

主張するように、朝堂において多くの猿女君（男も含む）が、帝紀などを朗誦して語り継いでおれば、多くの人々の耳に入り、それこそ「門前の小僧習わぬ経を誦する」がごとく憶えられた。その話が知的好奇心の強い日本人の間に広く流布することになったことは、十分に考える事が出来る。これが、私が、地域の伝承の中には、後世の付会が多く含まれると主張する所以である。

猿女君になる頭脳明晰な子供を各地からスカウトしてきたのが少子部連〈ちいさこべのむらじ〉で、神武天皇の御子の八井耳命の裔とされる（雄略天皇紀）。

第三章　台与の政治

（一）　張政の檄（「政等以檄告喩壹與」）

以上述べたように、記紀神話では、台与の新女王擁立が、天照大神の天岩屋からの再臨としてあらわされた。女王擁立当時十三歳であった台与は、難斗米を摂政として「山臺の国」の経営にあった。天照大神の天岩屋隠れの前は天照大神からの指示が多く記されるが、天岩屋から再臨した天照大神は、高木神（高御産巣日神）との共同指令が多くなる。「天照大御神、高木神二柱の神の命をもちて」である。これは、新女王台与を天岩屋から再臨後の天照大神に、難斗米を高木神にそれぞれ神格化したのである。

前述したように、張政の檄は、「筑紫の地で、鉅奴国と抗争することの無益さ、および倭国の中心部である中洲（なかつくに、後の大倭国）への遷都」を説くものであったと、私は推察した。女王台与は張政の檄を受け入れて、豊葦原の水穂国への移住を考えるようになった。その時、**投馬国（出雲国）**の葦原中国（あしはらのなかつくに〉に拠点を構える大國主命が本州島と四国島を統治しており、そのため大國主命から統率権を奪わなければならなかった。そこで、出雲国へ船での交通に便利なように、都を伊都国に移し、そして響灘西部から玄界灘に勢力を持つ胸形（宗像）氏と、隣接する古遠賀潟流域に勢力をもつ物部族に操船と造船の協力を求めた。鉅奴国の本貫である奴国の阿曇氏には協力を求めることができなかったからである。胸形氏と物部族には、女王台与の叔母（義理の姉？）にあたる多紀理毘売（田心姫　たごりひめ）、市寸島比売（市杵嶋姫　いちきしまひめ）、および多岐都比売（湍津姫　たぎつひめ）の三女神が交渉にあたった。これが縁で、三女神の神魂（多紀理毘売の青玉、市寸島比売の紫玉、多岐都比売の八咫鏡）が宗像三所（沖津宮、中津宮　辺津宮）にそれぞれ鎮座し、胸形君により斎祭られることになる（『古事記』）。また、物部族の領域である遠賀川流域にも三女神降臨の伝承が残されることになる。

「出雲平定」のため、天照大神の次男の天菩比命や天若日子を派遣した航海を考えれば、三女神の使命は、胸形の辺津宮（現宗像市田島）から中津宮（同大島）、玄界灘の沖津宮（沖ノ島）行き、そこから対馬海流に乗って島根半島西部の出雲国（投馬国）にいたる航海の安全を守護する」ことであると理解できよう。

（二）　台与の御子と天孫

張政が西晋に帰国した二六六年、台与（臺與、壹與）はおおよそ三十一、二歳であろうとできるから、子がいても不思議ではない。

姚思廉の『梁書』倭国伝は記す、

「復立卑彌呼宗女臺與爲王　其後復立男王　並受中國爵命」

また、杜佑の『通典』邊防第一・倭は記す、

「齊王正始中　卑彌呼死　立其宗女臺輿爲王　其後復立男王　並受中國爵命
晉武帝太始初　遣使重譯入貢」

そして、遡ると『晋書』倭人伝は記す、

「宣帝之平公孫氏也　其女王遣使至帶方朝見　其後貢聘不絶　及文帝作相　又數至　泰始初　遣使重譯入貢」

さらに『晋書』帝紀三「世祖武帝」は「泰始二年　倭人来献方物」と記す。

『晋書』倭人伝は、「泰始初、使を遣し、譯を重ねて入貢す」とするだけで泰始何年かの確定はできないが、『晋書』帝紀三「世祖武帝」から泰始二年（二六六年）に台与と男王の朝貢があったことがわかる。二六五年、司馬炎が魏の禅譲を

受け、晋（西晋）を興していた。二六六年には、張政等を送った率善中郎將掖邪狗等二十人が、武帝（司馬炎）に謁見したといえよう。この時、台与と男王が献上した男女生口三十人と、方物の「白珠五千孔　青大句珠二枚　異文親錦二十匹」に対する武帝の下賜品についての記録は無い。

これら史書の記事は、卑弥呼の死後の宗女臺與（台与）の女王即位、更に「男王」の即位、そして二六六年（泰始二年）の西晋王朝への朝貢を伝えるものと理解できる。また、晋の文帝（司馬昭）がまだ魏の宰相であった頃、男王が魏へ朝貢を幾度か行い、その際に臺與と並んで中国の爵位をもらったことも読み取ることが出来る。

『梁書』倭国伝は「其後復立男王　並受中國爵命」の後に「晋安帝時　有倭王賛」と続けており、四一三年の倭王讃の朝貢を伝える。また、『通典』邊防第一・倭も、「宋武帝永初二年　倭王讃脩貢職」と続けており、四二一年の倭王讃の二度目の朝貢を記す。この記述から臺與の後の「男王」は、「讃」とは明らかに別人であり、時代も遡ることがわかる。

『古事記』は、天照大神の長男の天忍穂耳命〈あまのおしほみみのみこと〉は高木神の娘の萬幡豊秋津師比売命〈よろづはたとよあきつしひめのみこと〉と御合（結婚）して、天火明命と天津日高日子番能邇邇藝命をもうけたとする。

同じ事を『日本書紀』一書第六は、

「天忍穂根尊は、高皇産霊尊〈たかみむすびのみこと〉の娘の栲幡千千姫〈たくはたちぢひめ〉を娶って生みし子は天火明命〈あまのほのあかりのみこと〉、次に天津彦根火瓊瓊杵根尊を生む。その天火明命の子の天香山命〈あまのかぐやまのみこと〉が尾張連等の遠祖である」とする。

また、『先代旧事本紀』は「天火明櫛玉饒速日尊」と著して、天火明命と饒速日尊〈にぎはやひのみこと〉は同一人物とする。

この記紀神話にしたがえば、天忍穂根尊（天忍穂耳命）は天照大神の長男であり、天火明命と瓊瓊杵尊〈ににぎのみこと〉の兄弟は、天照大神の孫（天孫）になる。

ここで、難斗米と台与の親子関係を、高皇産霊尊（高木神）と栲幡千千姫に神格化しているとみなすとすると、天火明命（＝饒速日尊、天香山命の父）が台与の後を襲って「男王」となっていたとできよう。「伊都国では、火明命が台与の後を襲って王となり、魏へ朝貢して爵位を得た」と理解することは不合理ではない。

そして、火明命は、武帝（司馬炎）が魏の禅譲を受けて西晋を興すと（二六五年）、翌年に朝貢をして西晋の冊封に入ったのである。

前述した『梁書』倭国伝などの史書を読み解くと、卑弥呼の孫の火明命（男王）が魏にたびたび朝貢していたことがわかる。そうであれば、『日本書紀』が記す、胸形三女神にたいする天照大神の神勅「汝三神宜降居道中奉助天孫　而爲天孫所祭也」（汝ら三神は、道中〈みちなか〉に降臨して天孫を助け奉り、天孫に祭〈いつ〉かれよ」は、天孫火明命の魏への朝貢の航海に用いる北路の安全を守護することを意味することになる。つまり、胸形から大島（中津宮）・沖ノ島（沖津宮）を経由して対馬島に渡り、三韓半島の帯方郡に至る海路が「道中」といえよう。これは胸形氏の伝承であり、その伝承が記紀神話に取り入れられたとみるべきである。

『日本書紀』編纂を命じた天武帝の皇子である高市皇子の母であり、天武帝の第一妃である尼子娘〈あまこのいらつめ〉の父は胸形の豪族、徳善であるからだ。胸形氏への忖度である。

女王台与は、伊都国で、張政の助言を得て外交を運営し、魏つづいて晋（西晋）に朝貢して冊封体制を維持して国体を護ったといえよう。その後、華夏王朝への朝貢はプッツリと途切れてしまう。「空白の四世紀」である。（なぜなのか？　卑弥弓呼の「正義」を受け継ぐ人物が倭国の王になったからである。それは何者か？
答えはいずれまた別書で詳述する）。

補考　不弥国の物部族

私は、古遠賀潟流域を物部族の「不弥国」と比定している。この地域の出土遺物が物語るのは、物部の氏族は鍛冶が得意で鉇（槍鉋）や太刀など鉄器が製造でき、鉇〈やりがんな〉などの鉄器を使い造船も出来たと考えられる。後述する天鳥船や天磐船などを造ったのであろう。遠賀潟流域に拠点を持つ不弥国の物部族は、台与に政略的に急接近した。饒速日尊（天火明命）の妃となり、天香語山命（天香山命）をもうけた天道日女命〈あめのみちひめのみこと〉はこの氏族の姫であると、私は考える。天道日女命を饒速日尊と政略結婚させる事により女王台与の政権中枢に食い込んだのである。それ故に物部氏の由緒を著した『先代旧事本紀』は、「饒速日命は物部氏の祖」と表したのである。

第四章　天照大神の孫の饒速日命と物部族の東遷（真の天孫の天降り）

女王台与と難斗米は、九州島の女王国の主要な豪族を、国土の広い本州島や四国島に東遷させ、統治しようと画策したと私は考える。

『豊葦原の千秋長五百秋長の水穂国は、我が御子の正哉吾勝勝速日天忍穂耳尊が王となるべき国である』と天照大神が言って、葦原中国〈あしはらのなかつくに〉の国盗りが計られる（『古事記』）。実際の葦原中国の国盗りは、女王台与（再臨後の天照大神）と摂政となった難斗米（高木神、高御産巣日神）が行った。その端緒が出雲国の平定であったのだ。少名毘古那命〈すくなびこなのみこと〉とともに国づくりをして葦原中国の統率主となった大國主命の本国であった。本州島や四国島に東遷して領土を広げるには、大國主命にその統治権を譲渡させる必要があったのだ。

詳細は後述するが、天穂日命〈あまのほひのみこと＝天之菩卑能命〉、武甕槌命〈たけみかづちのみこと〉および経津主神〈ふつぬしのかみ〉の活躍で、武力をもって大國主命から葦原中国の統治権を奪った後、饒速日尊は豊前から東遷するのである。『先代旧事本紀』によれば、天磐船〈あまのいわふね〉と呼ばれる大型の頑丈な船を造り、饒速日尊と御子の天香語山命が乗り、そして三十二人の護衛、五人の補佐、五人の供領、二十五人の天物部〈あまのもののべ〉の兵士そして船長と船子などを乗せた。また饒速日尊には、台与から、天璽瑞宝十種が授けられた。天磐船は、河内国の河上の哮峯〈いかるがみね〉に天降り、そこから一行は大倭国の鳥見の白庭山に遷った。饒速日尊は、河内国から大倭国〈やまとのくに〉に勢力を持つ長髄彦〈ながすねひこ〉と主従関係を結び、長髄彦の妹の御炊屋姫〈みかしきやひめ〉を娶って妃とした。御炊屋姫は妊娠した。まだ子が生まれないうちに、饒速日尊は亡くなった。御炊屋姫が産んだ子が宇摩志麻治命〈うましまじのみこと〉である。この宇摩志麻治命を主君として天物部が河内を拠点として仕えていくことになる。後世、仏教の受容をめぐって、蘇我氏と対立する物部尾輿・守屋親子はこの天物部氏の裔になる。

饒速日尊の亡骸は、高天原に戻された事になっている。では、どこに葬られたのであろうか？　遠賀川流域の旧鞍手郡（現在は福岡県若宮市）に天照神社があり、そこの祭神が天照国照彦天火明櫛玉饒速日命である。縁起では、「第十一代垂仁天皇十六年、宮田町の南に聳える笠置（笠城）山頂に饒速日命が降臨し、同七十七年笠置山頂に奉祀したことに始まる」となっている。垂仁天皇の時代に、笠置（笠城）山山頂に饒速日尊の亡骸が葬られていたことがカミングアウトしたのであろうか。

また、隣接の六ヶ岳には饒速日尊の叔母にあたる、いわゆる胸形三女神が降臨したとの伝承がある。笠置山や六ヶ岳のある遠賀川流域は天物部族の本貫地と目されるところである。前述したように、三女神が物部族に造船の交渉をするため訪れたことを伝えるのであろう。

笠置山や六ヶ岳のある遠賀川流域は天物部氏の本貫地であり、私が比定する不弥国の領域でもある。饒速日尊の亡骸が葬られたのは、「台与の伊都国」ではなく、妃の天道日女命の国であったのであろうか。

あるいは京都〈みやこ〉郡苅田町にある白庭神社は天照國照彦天火明櫛玉饒速日命を祀っており、大倭国の白庭で死亡したとされる饒速日命にはふさわしいようにみえる。また、台与が都したと思われる京都郡（安本美典説）に鎮座するのも、帰葬された饒速日命を祀る神社としては魅力的である。ただし、由緒がわからない。京都郡、鞍手郡とその周辺には饒速日命を祀る神社が多くあり、この地が饒速日命と濃密な関係にあったことが指摘できるのであるが、帰葬地の特定は、私には難しい。

第五章　台与の死と宇佐神宮

台与は、東遷する饒速日尊のために、都を伊都国から豊前の京都〈みやこ〉に遷した。そして、周防灘から瀬戸内海を通って葦原中国の河内に向かう天磐船の出航を見送った。その後、台与は、宇佐に移り、遥か東方の河内・大倭に思いをはせることが出来る国東半島付け根に立つ御許山〈おもとさん、六五三メートル〉に登って饒速日尊を偲んでくらした。死後、御許山の麓の小椋山（亀山）に葬られ、御許山山頂にある三つの大岩（磐座）のうちの中央の巨磐が依代とされたとしたい。

実は、台与の三人の義姉である多紀理毘売、市寸島比売、多岐都比売の墓所は不明なのである。

『日本書紀』一書第三は、「日神所生三女神者　使隆居于葦原中國之宇佐嶋矣」（日神の生みし三女神は、葦原中国の宇佐洲に降居さしむ。）と記す。＊　隆は降の誤記、嶋は洲（国）の誤記。

記紀編纂時、国東半島は葦原中国に属すると理解されていたのであろうか。この記事から推測すると、台与の三人の義姉（いわゆる胸形三女神）は、のちに台与の都で暮らしており、死後、台与の墓の近くに葬られ、台与と同じく御許山の山頂の三つの磐座を依代としたのであろう。台与の夫の天忍穂耳尊か宇佐の有力者（後の宇佐氏）が、御許山山麓に遙拝所を設けた。それが、現在の大元神社遙拝所の起源ではないだろうか。そして、宇佐氏が御許山の山頂の三つの磐座（禁足地）と小椋山の墓域を奉祭してきたとしたい。これは、遺体を埋葬した墓（葬地）と、お参りをするための墓＝依代を設ける「両墓性」といえる。古代の習俗であろうか、この「両墓性」は今も対馬島など各地に残る。

後世、応神帝の時代（応神十六年）に帰化した秦氏（夕月君）の一族辛嶋氏が、小椋山に宇佐神宮を建立した時、その二之御殿（天平元年、七三一年造営）に、依代を同じくするという伝承があった台与と三義姉（いわゆる宗像三女神）を併せて比売大神として祀ったと考えたい。それゆえ宇佐神宮は、天照大神の神魂を祭る伊勢神宮につぐ第二の宗廟とされるのである。

なお、明治四十年と昭和十六年、宇佐神宮の神楽殿前広場や第二神殿前の申殿の下から石棺が検出されている（Web）。これら石棺の主こそ、台与と三人の義姉のだれかとできるのではないか。

一方、天忍穂耳尊は伊都国に残り、卑弥呼の墓守をする。その裔の一人が、垂仁帝の時代に「天日矛〈あめのひぼこ〉」を名乗って難波に来て、そこから但馬に到り、神功皇后の祖になる。他方、伊都国に留まった裔の五十迹手〈いとて〉は、熊襲討伐のため筑紫に向かう仲哀天皇を穴門（現山口県下関市）に出迎え、いわゆる三種の神器を船にかかげて、恭順の意を表している。五十迹手は筑紫の伊覩縣主〈いとあがたぬし〉の祖とされる。糸島市二丈田中大塚にある、古墳時代前期（四世紀後半）の前方後円墳の一貴山銚子塚古墳は、長宜子孫銘内行花文鏡一面、鍍金方格規矩四神鏡一面、三角縁神獣鏡八面、勾玉二個、管玉三十三個、刀剣十三口を副葬しており、五十迹手の墓であろうかと、私は思いたい。

＊宇佐神宮では、中殿の比売大神のほかに、一之御殿に応神天皇（八幡大神）、三之御殿に神功皇后（応神天皇の母）があわせて祀られる。応神天皇母子が祀られたのは、秦〈はた〉氏の返礼であったと私は考える。応神十六年、応神天皇が、秦氏の祖夕月君（チベット系民族）の一族郎党（一二〇県＝約一、二万人規模？）の帰化を受け入れ、豊前国に居住地を与えたのであった。後世（六〇八年）、遣隋使の返礼使として日本に派遣された裴世清が豊前国を経るとき、秦氏郎党の歓

迎を受けたようで、その情景を、『隋書』俀国伝は、「又東至一支國　又至竹斯國　又東至秦王國　其人同於華夏」と記す。筑紫（九州島）に華夏人の秦王国〈しんおうこく〉があるとしているのは、あまりの大人数であり、裴世清は一国の人民と誤解したのだ。

秦氏の祖はどちらの国かわからないが、チベット族がたてた前秦（三五一〜三九四年）と後秦（三八四〜四一七年）の時代、華北を平定し、敦煌莫高窟に仏教文化を開花させた。東晋（三一七〜四二〇年）により滅亡させられた後、三韓半島に逃亡して辰韓十二国のうちの秦韓に居住したが、新羅成立後には秦韓の地での居住を嫌って日本に帰化したのであった。その秦氏には、日本の文化度と居住は満足であったのであろう。それで、返礼の意をこめて、宇佐神宮に応神天皇を祀った。応神天皇を祀る一之御殿（神亀二年、七二五年）造立ののちに、一之御殿に接して比売大神を祭る二之御殿が造立され、遅れて神功皇后を祀る三之御殿が建立された（宇佐神宮 Web）。結果として、比売大神を祭る二之御殿が中殿となったのである。

ではなぜ、台与を神格化した比売大神と応神天皇（八幡大神）および神功皇后が一所に祀られたのであろうか？　七六六年の道鏡の皇位簒奪事件に対する宇佐神宮神託は比売大神ものであったのであろうか？

　これらの謎を解き明かすと、『日本書紀』の編者が、神功皇后紀に、「魏志云」として卑弥呼と台与の事績をこっそりと忍ばした謎も解くことができるのである。この謎解きはいずれまた述べよう。＊解答を早く知りたい読者の方々は、私のホームページである「狗奴国私考」を訪ねてみてください（http://www.kunakoku.info/）。『日本書紀』の編者が、卑弥呼は神功皇后であるとみなしていたとする解釈が間違いであることがお解りいただけるでしょう。神功皇后と卑弥呼を重ね合わせて考える事は全く無意味であるのです。

＊　前秦と後秦は敦煌莫高窟に仏教文化を開花させた。そのどちらかの裔である秦氏は、五世紀中頃に、応神天皇に帰化を許され、旧豊前国（現在の福岡県の行橋市から大分県大分市）に居住した。この地に発祥したのが「横穴墓」（横穴式古墳ではない）である。この横穴墓は五〜六世紀の後期古墳時代に流行した庶民などの「墓」と考えられている。横穴墓は、宮崎県の延岡市の天下地区から高千穂町の三田井吾平原、さらに熊本県の山鹿市や玉名市など菊池川流域などに分布をもつ。延岡市と高千穂町の横穴墓は、「肥後式」に分類され、古墳時代後期に

かけても、宮崎県県北（延岡市、高千穂町）と熊本県県北（山鹿市、玉名市）の地に住んだ古代人は同じ墓制を持ち、緊密な関係にあったことが、考古学的にも実証される。三世紀の弥生末期に、菊池川流域から阿蘇山麓を版図にしていたのが鉅奴国であった。そして、阿蘇南山麓から高千穂を通り当時の吾田邑（現在の延岡市）に天降ったのが、菊池彦を神格化した瓊瓊杵尊であったのだ。

私は、旧豊前国で横穴墓を始めたのは、秦氏であり、祖地である華北の莫高窟を模して、山はだの崖や河岸段丘に作ったと考える。横穴墓の起源を莫高窟に求めるという壮大なロマンを私はひそかに抱いている。それゆえ、横穴墓に装飾横穴墓があるのは、仏教美術を描く装飾窟の模倣であると、私は考える。ただし、古墳時代の日本には仏教はまだ伝播していなかったので、装飾は当時の日本人の思考に基づくものになっているのであろう。

第六章　出雲国の須佐之男命（素戔嗚尊）

（一）　古代出雲国

『魏志』倭人伝が帯方郡より水行二十日で至るとする投馬国、つまり古代の出雲はどのような国であったのだろうか？

金谷信之氏は「投馬国出雲説ならびに欠史時代初期出雲系説」（Web）で、次のように述べている。

「最近の考古学の成果は、出雲には並々ならぬ政治勢力が存在したことを示している。すなわち、荒神谷遺跡の三六八本の銅剣、加茂岩倉遺跡の三十九個の銅鐸のみならず、鳥取県淀江町・大山町で発掘された妻木晩田〈むきばんだ〉遺跡では、弥生後期を中心とした時代の九百棟近い住居・倉庫群が見出された。その規模は吉野ケ里遺跡を遙かに越えて全国最大であり、ここに相当の人口が集中していたことを示している。倭人伝は投馬国を戸数五万余戸とし、邪馬台国の七万余戸に次ぐ大国であって、その他の諸国よりもずば抜け多い人口であるとしている。妻木晩田の遺跡群は、出雲・伯耆・因幡地方の人口が倭人伝の述べる五万余戸に達していたと考えても何ら支障ないことを語っている。」

つまり、出雲国の国勢は邪馬台国に比肩していたようで、『魏志』倭人伝に記された投馬国に比定されてもよいという主張である。

私も、『魏志』倭人伝に著された投馬国を出雲国と判断している。理由は『魏志』倭人伝が記す「南投馬国に至る水行二十日」が、帯方郡から、伊都国の津あるいは沖ノ島を経由して投馬国に至る航海として合理的であるからである。しかし、投馬国の記事に官と副官の名前および戸数しかないのは、帯方郡にあった情報だけしか陳寿に伝わらなかったためであろうかと思う。

『魏志』倭人伝は伝えないが、『日本書紀』と『古事記』は、出雲国の多くを記す。また、『出雲國風土記』は記紀神話とは異なる説話も多く著す。これは、出雲国には「語部〈かたりべ〉」の郷（出雲・因幡）があり、「語部」が出雲国のできごとを丁寧に伝承したからであると考えたい。『出雲國風土記』では、安来郷の語臣猪麻呂〈かたりのおみ　いまろ〉が知られている。国の歴史の記録の重要さを、交流のあった華夏の国から学んだのであろう。固有文字を持たなかった日本人は、人の頭脳を記録媒体に選んだと言えよう。それが、出雲国では語部と呼ばれた。出雲の語部が伝えた須佐之男命はだれを神格化したのかを解明し、須佐之男命の事績を解き明かしてみよう。

（二）素戔鳴尊（須佐乃男命）、出雲国に降到る

記紀神話では、出雲国の物語は、天照大神の天石屋戸隠れ事件の張本人である須佐之男命（『古事記』）・素戔鳴尊（『日本書紀』）の高天原追放後からはじまる。

では、記紀神話で須佐之男命〈すさのおのみこと〉は誰を神格化したのか？私は、高天原で、天照大神と誓約をして三人の女子をなし、その後、天照大神に乱暴狼藉を働いた須佐之男命を、卑弥呼の女王国と戦闘を行った鉅奴国（狗奴国）の卑弥弓呼にあてた。

一方、天照大神の天石屋戸隠れ事件の後、高天原を追放され、出雲の簸の川（斐伊川）に至り、そこで八俣遠呂智（八岐大蛇　やまたのおろち）退治をする須佐之男命は、「卑弥呼の男弟」を神格化したとしたい。狗奴国との戦闘での敗戦の責任を問われて、女王国を追放されたのだ。『古事記』の八俣遠呂智条に「吾者

天照大御神之伊呂勢者也」(吾は天照大御神の弟なり)とあるからである。このように二人の異なる人格を一人の人物名で表すのは、卑弥呼と台与を、それぞれ天石屋戸隠れ前の天照大神と再臨後の天照大神で表すのと同じ手法である。

須佐之男命は、高天原を追放された後、大気都比売神〈おおげつひめのかみ〉に食を請う。姫が鼻、口、尻から食べ物を出して、馳走するが、須佐之男命はその態度を汚いと思って、大気都比売神を殺す。すると、その死体から、蚕、稲、粟、小豆、麦、大豆が生まれる。大気都比売神の体から生り出た蚕と穀物の種を取るのが神産巣日御祖命〈かみむすびのみおやのみこと〉である。前述したように、穀物や蚕の種の保管倉庫を擬人化するか、あるいはその番人を神格化したのが「保食神(食物を保管する神)」であり、「大気都比売神」であるのだ。そして保管してある「種」を、倉庫を開けて持ち出す情景を「保食神を殺す」と表したといえよう。古代では、「農耕技術や養蚕技術を他国に持ち出す」ことは禁忌であったとしたい。「保食神殺し」はこの禁忌破りの象徴であったといえる。神産巣日神が出雲の母神であることを考慮すると、大気都比売神殺害説話は、卑弥呼の男弟が、禁を破って「穀物や蚕および樹の種」を持ちだして出雲に渡り、出雲の地に農耕技術や養蚕技術をもたらし、植林をしたことを物語るといえよう。

（三）　素戔嗚尊（須佐之男命）の八岐大蛇（八俣遠呂智）退治

記紀神話では、高天原を追放された素戔嗚尊（須佐之男命）は、出雲国の鳥髪峰（船通山）の麓を流れる斐伊川（肥の河、簸川）上流の扇状地に降る。そこで、脚摩乳〈あしなづち〉と手摩乳〈てなづち〉夫婦と娘の奇稲田姫〈くしいなだひめ〉にであう。素戔嗚尊に泣いて訴えるには、老夫婦にはもともと八人の娘がいたが、毎年一人ずつ八岐大蛇〈やまたのおろち〉という怪物に食べられてしまい、末娘の奇稲田姫だけになってしまった。そして残った奇稲田姫ももうじき食べられてしまうので、悲しくて泣いていたのだ。そこで、素戔嗚尊は奇稲田姫との結婚を条件に、大蛇退治を引き受け、脚摩乳と手摩乳夫婦に八回醸した強い酒を作らせ、八面に塀を立て、各々一つずつ樽を置き、酒を盛らした。あるいは、垣根をめぐらし、そのあいだに八つの門を作り、その門ごとに桟敷を構え、そこに強い酒を入れた酒槽〈さかぶね〉を置かせた。

いかに古代とはいえ、日本列島には人を呑む大蛇は棲息しない。ではなぜ、八岐大蛇なる大蛇の物語が生まれ、伝承したのであろうか？　以下、この命題を論考しよう。

八岐大蛇退治の舞台は、鳥髪峰（船通山）の麓を流れる斐伊川（肥の河、簸川）上流の扇状地の稲田である。出雲は出雲蕎が有名であり、往時も稲作ではなく蕎の栽培が主であったのであろう。奇稲田姫の名前から分かるように稲田は広くなく、栄養価の高い米は貴重であった。大蛇は貴重な稲田を荒らす脅威であったと考えられる。その脅威はまさに斐伊川の扇状地の稲田を荒らす台風や集中豪雨に伴う山津波を比喩しているといえよう。斐伊川上流の船通山のいくつかの谷に起こる山津波の情景を八岐大蛇と表したと私は理解する。大蛇の体内から得られたとされる「天叢雲剣〈あめのむらくものつるぎ〉」の名前は、八岐大蛇の上には雲の叢があったからつけられたとされている。つまり、台風の雨雲か集中豪雨の雨雲のことであろう。

「高志の八俣遠呂智」の「高志〈こし〉」は、北陸道の越国を意味するのではなく、谷を「越」して押し寄せる山津波のことであるとみなすべきである。「高志」は「越」の同音異字であろう。八俣遠呂智〈やまたのおろち〉の形相は、「目は真赤な酸漿〈ほおずき〉のようで、一つの身体に頭が八つ、尾が八つ。胴体に苔がむし、檜や杉が生え、長さは八つの谷と八山峡を這い回り、腹は血でただれている」。この大蛇が出現した場所は、現在の雲南市〈うんなんし〉の斐伊川上流の船通山となっている。このあたりでは古墳時代には砂鉄を原料とする蹈鞴〈たたら〉製鉄が行われており、斐伊川の支流の赤川は名前の通り赤色の水が流れていたのであろう。赤い目と赤い腹は酸化した砂鉄の塊あるいは褐鉄鉱の塊を表しているといえよう。私事になるが、オーストラリアをたびたび旅行した。彼国は露天掘りの鉄鉱山があることからわかるように、夏の乾季には大陸奥の大地は酸化鉄で真っ赤に染まる。雨期にできる水の流は酸化鉄を含んで赤い水を流す。船通山周囲の山でも、夏に砂鉄が酸化して赤くなり、それを含む山津波を遠呂智（大蛇）として表現したと考えられる。

では、大蛇を誘うための垣根と八つの門、八つの桟敷と八つの酒槽は何を比喩した物か？　それは斐伊川支流沿いに作ったいくつかの遊水池と導水路であると考えたい。つまり、山の谷からの豪雨を、導水路を伝って遊水池に流し、稲田のある扇状地を水害から護るのである。当時そのような土木事業が行えたのかという事であるが、この地に翁夫婦と一人の娘だけがいたわけではない。しかるべき人口があったはずである。導水路や池の掘削工事は、吉野ヶ里遺跡の環濠集落をみれば分かるように、当時でも十分行う事が出来た。八度も絞った酒とは、堤防の土をしっかりと突き固めた強固な池という意味である。山からの濁流を遊水池に導いて、扇状地の稲田を護ったあと、池の水をしばらく放置し、稲の収穫後に、堤防の一部を壊し、赤い泥水を斐伊川に放水したのであろう。山津波の濁流が遊水池に入って落ち着いた状態を、大蛇が酒を飲んで眠ったとあらわし、堤の破壊を大蛇の身体を切ったと表わしたのだ。そしてその池の泥のなかから見事な剣が見つかった。当然、その霊妙な剣は大蛇の体内から得られたと表現された。

大事業をなしえた後、須佐之男は須賀に移って櫛名田比売（奇稲田姫）と結婚した。遊水池は長い時の流れの中で扇状地の厚い土砂に埋もれて、今は無い。これが、「高志の八俣遠呂智」譚の真相であると、私は考える。

以上のようにして、卑弥呼の男弟（素戔鳴尊）が、「山臺の国」で発達した土木工事の指揮を取って、斐伊川扇状地の稲田を山津波（八岐大蛇、八俣遠呂智）から護ったのである。

＊ 出雲は、製鉄で有名である。山で砂鉄を採取する鉄穴〈かんな〉流しの泥流が、鉄分が多いため下流の水田に被害を及ぼしたので、農民が八岐大蛇と呼んで怖れたという説もある。また、天叢雲剣を鉄刀とする説もある。しかし、この地での蹈鞴〈たたら〉製鉄は、現地調査で古墳時代末期から始まったとされている。

弥生時代末期には、下流の水田に被害を及ぼすほどの大規模鉄穴流しによる砂鉄採取はまだなかった。

補考　天叢雲剣と水神祭祀

『日本書紀』は八岐大蛇の体内から出た剣を天叢雲剣とするが、前述したように大蛇の上には大雨を降らす雲気があったから、付けられた名前であろう。

他方、『古事記』は八俣遠呂智の体内から得られた太刀を都牟刈大刀〈つむかりのたち〉と記す。それでは、「つむかり」とはどういう意味があるのであろうか？この大刀は、稲の収穫後、遊水池から得られたと解釈出来るので、「つむ」を「稲穂を摘む」の「摘む」、「かり」は「稲藁を刈る」の「刈り」と解釈できる。したがって、都牟刈大刀とは米の収穫に由来する名前とするのが合理的と言えよう。

あとで詳述するが、天叢雲剣（都牟刈大刀）の由緒を想定させる考古遺物が、出雲市古志本郷町の祭祀遺跡（六世紀後半頃）の農耕用水路から検出されている。それが複数の鉄製大刀である（図3－1）。製鉄が盛んな出雲の風習であろうか、大刀（鉄刀）を使った水神祭祀である。これらの大刀は水神への捧げ物と考えられている（平成２８年度特別展『古代の出雲』斎宮歴史博物館）。ここでは、古代より、神門〈かんど〉川の洪水から田畑を護るため、人身御供のかわりに刀剣を河川（水神）に奉納する風習があったようにみえる。まさに、洪水の比喩とされる八岐大蛇にたいして人身御供にされる奇稲田姫の説話とおりの風習である。

私が論考したような洪水の威力をそぐ遊水池を造る土木工事が行われたとすれば、過去に、水神祭祀のため河川に奉納された精美な剣が洪水で遊水池に流れ込み、池の泥水を流す工事の時、その剣が検出されたと考えても、決して不合理ではない。洪水を鎮める水神祭祀の奉げ物とした剣の一つが天叢雲剣（またの名都牟刈大刀）であったとできよう。ただし、素戔嗚尊が得た天叢雲剣（都牟刈大刀）が、後世に草薙剣〈くさなぎのつるぎ〉とよばれる銅剣と同一かどうかは、私にはわからない。

図 3-1　出雲市古志本郷町の祭祀遺跡（六世紀後半頃）の農耕用水路から検出された鉄製大刀
島根県埋蔵文化財調査センター提供

鉄刀を奉げ物とする水神祭祀遺跡が検出されたところが、出雲市古志本郷町である。古代、古志〈こし〉郷は神門〈かんど〉郡に属しており、『出雲國風土記』には、残念ながら水神祭祀の記述は無いが、古志本郷町の近くを流れる神門川（＝日淵川、現在の神戸川）の治水工事を記す。

「伊弉那彌命之時　以日淵川築造池之　爾時　古志國人等到来而為堤　即宿居之所　故云古志」（伊弉那弥命の時、日淵川に池を築く。その時、古志国の人達がやって来て堤を築いた。その時、宿とした所ゆえに古志という。）

この治水工事は、前述したように斐伊川の洪水を軽減させるために遊水池を造ったとする私のアイデアと同じである。古志郷の神門川（＝日淵川）の治水工事で実際に遊水池が築かれていたのである。その池の堤防を築いた人々の出身地の古志国とは、旧意宇〈おう〉郡にあたる松江市古志原あるいは古志あたりと、私は考える。この地域には灌漑用のため池や堤が多くのこり（Web）、土木工事が活発であったとみえるからである。北陸道の「越〈こし〉」の地とは考えない。

古志郷の神門川の治水工事が終わっても、神門川の洪水が「古志の八俣遠呂智」と呼ばれて畏れられており、毎年水神祭祀が行われたのであろう。古志郷での池を造る治水工事と大刀を捧げ物にする水神祭祀の話が、記紀神話に取り込まれるとき、斐伊川における「高志〈こし〉の八俣遠呂智」退治、あるいは、安芸国の可愛川〈えのかわ〉における「八岐大蛇」退治として脚色されたと考えることもできるのではないだろうか。可愛川において大蛇に振る舞ったとされる酒は米ではなく木の実を醸して作ったとあるのも、米が豊富でなかったことの証左である。八岐大蛇（八俣遠呂智）の実体は貴重な稲田を荒らす洪水と理解して間違いないであろう。

付記するならば、『古事記』の出雲平定段の中の阿遅志貴高日子根神〈あぢしきたかひこねのかみ〉条で、阿遅志貴高日子根神が天若日子の喪屋を切った十掬剣〈とつかのつるぎ〉を「神度剣」（『日本書紀』では「神戸剣」）と記す。「神度剣」・「神戸剣」を「かんどのつるぎ」と読めば、「かんど」は「神門」とでき、鉄刀を奉げ物とする水神祭祀が行われた神門〈かんど〉郡がこれにあたる。この説話は、神門郡では、出雲平定の時代すでに鉄製大刀を製造していたことを伝えているといえよう。

(四) 八俣遠呂智・八岐大蛇の正体

これを論考するには、時代を崇神天皇六十年まで進める必要がある。

崇神六十年、天皇は、出雲大神の宮に納められている神宝を見たいという。神宝は武日照命（天夷鳥命　あまのひなどりのみこと）が高天原から持って来たものである。天夷鳥命は、出雲平定の際、建御雷命と布都怒志神（経津主神）とともに派遣された天穂日命の御子であり、天穂日命は天照大神の次男になる。その神宝は当然天照大神（＝台与）から天穂日命が授かった物であり、大國主大神と関連の深い物とすべきである。それでは、神宝とは何か？　それは天叢雲剣（都牟刈太刀）、別名草那芸之大刀〈くさなぎのたち〉であると、私は考える。天叢雲剣は素戔嗚尊が出雲の斐伊川で八岐大蛇（八俣遠呂智）を退治した時に大蛇の尾から得た剣で、後に天照大神に献上されたという由緒を持つ。

ここに、一つ問題がある。それは、「体内に剣を仕込んだ蛇が実世界に存在するか？」ということである。生物学的にあり得ない。それに、列島に大蛇が棲息したかといえば、それもありない。では、草那芸之大刀と八俣遠呂智との関係を、どのように理解すればよいのか？　換言すれば、出雲郡の語部はどのようにして、草那芸之大刀の説話を創作したのであろうか？

草那芸之大刀は「くさなぎの大刀」である。「くさなぎ」であるが、「なぎ」は「長い」の活用形とみてとれる。「長刀〈なぎなた〉」の「なぎ」、「長押〈なげし〉」の「なげ」のごとく「長い」を意味する。「くさ」は「草」で「先が尖った葉」を持つ草(稲、蒲、ショウブなど）であろう。つまり、「くさなぎの大刀」とは「尖った刃先を持つ長い剣」と理解できる。したがって、「くさなぎの大刀」は一般名称とみなすべきである。いろいろな場面で出てくる十握剣（十掬剣）や八握剣が「長い剣」の一般名称であるのと同様なのだ。

「草薙剣は、熱田の祝部〈はふりべ〉が仕え祭っている」とされており、現在の熱田神宮の御神体となっている。『玉籤集〈ぎょくせんしゅう〉裏書』(Web)には、江戸時代、熱田神宮の神官が御神体の草薙剣こっそりのぞき見た記録がある。

「御神體は長さ二尺七、八寸許り、刃先は菖蒲の葉なりしにて、中程はムクリと厚みあり、本の方六寸許りは、節立て魚等の背骨の如し、色は全体白しと云ふ。」とある。

まさに「草長の剣」なのである。

それでは、なぜ、「くさなぎの大刀」に大蛇の話がかぶさったのか？　いいかえると、なぜ、「くさなぎの大刀」が大蛇の身体から得られたという物語が生まれたのであろうか？

それは、「くさなぎ」が「臭蛇」を連想させるからといえる。つまり、「なぎ」と「むなき」は長い蛇状のもの全てを呼称する古語である。「むなき」は鰻〈うなぎ〉の語源ともいわれる。「くさ」から「臭い＝糞」、そして「並外れた（糞力など）」が連想され、合わさって「とてつもなく大きい蛇（くそでかい蛇）」が創起されたのだ。

その結果、「くさなぎの大刀」が「大蛇から得られた大刀」という由緒が創作されたといえよう。その「くさなぎの大刀」の固有名詞が『古事記』の都牟刈大刀〈つむかりのたち〉であり、天叢雲剣〈あめのむらくものつるぎ〉（『日本書紀』）であるのだ。

＊　大刀は長い直刀を表し、諸刃でも片刃でもよい。太刀は返り刀のかたなのこと。剣は諸刃のかたなをさす。『古事記』では大刀〈たち〉と剣〈つるぎ〉を厳密に区別していないようである。

（五）草那芸之大刀の正体

出雲大神の宮に納められていた神宝の草那芸之大刀の実像は何か？　それは当然、大國主命に関係し、出雲平定に関わった剣ということになる。私は、出雲に派遣された建御雷命〈たけみかづちのみこと〉が携えた十掬剣〈とつかのつるぎ〉と考える。建御雷命は伊耶佐の小浜の波の上に十掬剣を逆さに突き立てて、その切っ先の上に胡坐して大國主命と国譲り交渉をした。その十掬剣であり、具体的には、有柄銅剣であろう（図3－2）。熱田神宮の御神体と似た型をした有柄銅剣の石製鋳型が、奴国比定地の福岡県春日市須玖タカウタ遺跡で検出されており（2014年 11月 13日 Web）、有柄銅剣がこの地で鋳造されていたことは史実である。また、近くの佐賀県鳥栖市安永田遺跡（基肄国比定地）では錫の入った土器が検出されており、錫の含有量の高い青銅の有柄銅剣が作られたとすることは合理的である。錫の含有量の高い青銅は銀白色を

図 3-2 有柄銅剣

呈し、非常に硬いのが特徴であり、記紀神話が記す天叢雲剣の性状によく合う。奴国産の優良な有柄銅剣を携えて、建御雷命が出雲国で、大國主命に国譲りを迫ったと考えたい。それが、十掬剣であり、草那芸之大刀であるのだ。

草那芸之大刀が草薙剣〈くさなぎのつるぎ〉と呼ばれるようになるには、日本武尊〈やまとたけるのみこと〉の東国討伐まで待たねばならないが、最終的に、七世紀天武朝の時代に倭京（飛鳥）の宮から熱田神宮に遷り、以後神宮で奉祭されることになる。もう一度、『玉籤集裏書』の記述を見てみよう。「剣は、全体的に白色であった」となっている。また、「剣は樟の木箱に入れられ、さらに石の箱とそれを入れる樟の木の箱に入っていた。石の箱の周囲と樟の木の箱の周囲には、それぞれ赤土が詰められていた」とある。

『玉籤集裏書』から考察すると、剣身の形から両刃の剣であり、柄の形から鋳造されたと判断される。

それでは、青銅剣か鉄剣かとなると、七世紀から江戸時代まで保存されても剣の色が白色であったことから、入れ箱に詰められた赤土が剣の酸化を防止してきた事が窺える。問題は樟（楠）の木の箱である。樟は樟脳〈しょうのう〉を含んでおり、防虫には最適である。しかし、この樟脳がくせものなのである。

私事になるが小学生の頃夏休みの宿題で昆虫採集をした。当時はステンレスの昆虫針などなく、鉄の待ち針であった。父のワイシャツの紙箱に鉄針で蝶やカブトムシを留め、学校に提出した。その際防虫用に母のタンスから樟脳を持ち出し、箱にいれた（後で見つかり母から怒られた。樟脳は高価であったのだ）。当時には化学防虫剤など陰も形もなかった。学校から返却された後、大事にしまっておいて、翌年取り出してみると，蝶は虫に食われてぼろぼろ、鉄針も錆だらけでぼろぼろになっていた。実は、昇華した樟脳は鉄を腐食させるのである。樟脳による鉄針の腐食の話は、往時の昆虫少年の思い出話にもよく見られる。

草薙剣が赤土で覆われた樟の木箱に入っていれば、酸化は防止されても樟脳の腐食作用は受ける。この理由から、鉄剣であれば表面は腐食する。剣が長年にわたり綺麗な白色を保っていたのであれば、錫の含量の高い青銅剣であると判断できる。草薙剣は青銅の鋳造品といえよう。錫の含量の高い青銅は表面が黒く錆びていても、磨けば、銀白色の地色を露にする。奉安される前に丁寧に磨かれたのであろう。

（六）素戔嗚尊、新羅に降臨す

他方、『日本書紀』異伝では高天原を追放された素戔嗚尊とその御子の五十猛神〈いたけるのかみ〉は、新羅（辰韓）に降臨している。そして素戔嗚尊は「此の地は吾居らまく欲せじ」と言って泥船を作って東に向かい、出雲の簸の川（斐伊川）に至っている。そこで、八岐大蛇退治をするのである。このように素戔嗚尊が新羅を捨てて、出雲の簸〈ひ〉の川に至ったという伝承が生まれたのは、天照大神＝卑弥呼の時代にすでに、出雲と三韓半島とのあいだに、渡海航路があったからであろう。

また、素戔嗚尊は、「韓郷の嶋には金銀有り。若し吾が児の所御す国に、浮宝有らずは、未だ佳からじ」と言って、「鬚髯〈ひげ〉を抜いて散らし、即ち杉を成せり。又胸毛を抜き散らし、これ檜〈ひのき〉を成せり。尻毛を柀〈まき〉成せり、眉毛を橡樟〈くすのき〉に成せり」。そして、「杉と橡樟で浮宝（船）を造ることが出来る」としている。ここに出てくる杉、檜、柀はいずれも日本固有種であり、橡樟は日本以南に育つので、半島には存在しない。したがって、素戔嗚尊の「吾が児の治める国」は出雲国であり、出雲での植林および造船を述べていると解釈すべきである。五十猛神、大屋津姫命、抓津姫神の兄妹の植林の事績は後述する。

さらに、『魏志』韓伝は、三韓は非文明の化外の地であり、金銀は珍重されていなかったと記している「其俗少綱紀　國邑雖有主帥　邑落雜居不能善相制御・・・・不知乗牛馬牛馬盡於送死　以瓔珠爲財寶　或以綴衣為飾　或以縣頸垂耳　不以金銀錦繍為珍」（・・・紫水晶の珠飾りを財宝とし、あるいは衣に綴って飾り、あるいは首に懸たり耳に垂らす。金銀錦繍を珍重せず）。金銀を好む漢人が、金銀を見逃すはずがない。三韓には金銀がなかったのである。したがって、金銀がある所と言えば、漢王朝が半島経営した楽浪郡の旧地および遼東に半独立国をつくっていた公孫氏が植民地経営していた帯方郡以外にはありえないことになる。私は、素戔嗚尊は帯方郡を訪れていたと考える。「韓郷の島」がそれにあたる。楽浪郡や帯方郡は城壁で囲まれていた。まさに韓郷〈からのくに〉の中の島であったのである。

それでは、なぜ、異伝として素戔嗚尊親子の植林を記すのか？　それは、八十神の迫害を受ける若き大國主命を木国に逃すという事件の前触れとして、著されたのである。

（七）素戔嗚尊（須佐之男命）の正体

八岐大蛇譚がフィクションであれば、当然素戔嗚尊も誰かを神格化したことになる。私は「卑弥呼の男弟」と考えた。彼は、卑弥呼同様に狗奴国との戦争の敗北の責任をとわれ、卑弥呼の死後、女王国（山臺の国）を追われ、伊都国から新羅に渡ったあと、粗末な舟で投馬国に流れ着いたとしたい。そして、斐伊川上流の扇状地の稲田を護るために、「山臺の国」の技術を用いて土木工事をしたのである。天照大神が卑弥呼と台与の二人を神格化したように、素戔嗚尊も「卑弥呼の男弟」ともう一人の人物を神格化しているのである。文系の先学は、「大蛇の形で表象される邪霊の暴威（斐伊川の氾濫）を英雄（須佐之男命）の力で鎮め、豊穣が約束された」のが八俣遠呂智譚の本質と説明する。一方、高天原で散々悪事を働き、高天原を追放された須佐之男命を「罪や穢れの権化」と言及する。一貫性の無いご都合主義の考えのように見える。実は、これでいいのである。高天原で散々悪事を働いたように描かれるのは、狗奴国の卑弥弓呼、そして、土木工事で川の氾濫を押さえ込んだのは「山臺の国」（女王国）を追放された女王卑弥呼の男弟、この二人を神格化して、素戔嗚尊（須佐之男命）として表したと、私は考えた。

そして、八岐大蛇を退治した素戔嗚尊は、清地〈すが〉に宮を建て、奇稲田姫と結婚して大己貴〈おおあなむち〉（のちの大國主命）をもうける。その後、熊成峯から根国（根堅州国）へと就〈おもむ〉くのであった。

（八） 素戔嗚尊（須佐之男命）が就むいた根国と黄泉国の正体

素戔嗚尊が最終的に到った根国（根堅州国）と伊弉冉命（伊邪那美命）の黄泉国〈よもつくに、よみのくに〉について論考してみよう。記紀神話の黄泉国は、現在の島根県東部（出雲国と伯耆国の境）にあったように解釈され、そして、これまで記紀神話を読んだ人々の間でも共通認識なっているようにみえる。では、なぜ、黄泉国が島根県東部にあったように表されたのか？　それは、素戔嗚尊（須佐之男命）が根国（根堅州国）に就〈おもむ〉いたとされたからである。つまり、素戔嗚尊は、父の伊弉諾尊に妣国〈なきははのくに〉に行きたいと訴えた。妣とは死んだ伊弉冉命であり、妣国は黄泉国であり常夜国〈とこよのくに〉であるのだ。したがって、根国が、すなわち伊弉冉命の黄泉国となるのである。では、なぜ、島根県東部（出雲国と伯耆国の境）が根国〈ねのくに〉或いは根堅州国〈ねのかたすくに〉とされたのか？　現在の出雲市は本土と島根半島にまたがるが、上古の出雲郡もほぼ同様であった。出雲郡を表す「葦原中国」の名前の通り、葦が生い茂る湿地帯が、国土の多くを占めていたと考えられる。島根半島であるが、上古では島であり、斐伊川河口の砂州あるいは沖積平野で本土と繋がっていた（森浩一『日本神話の考古学』朝日新聞社　１９９３年）。『出雲國風土記』には、「国引き神話」があり、八束水臣津野命〈やつかみずおみづぬのみこと〉が、四度の国引きで今の島根半島を完成させとするので、島根半島に「根堅州国」を求めることはできない。「根堅州国」とは堅い基盤を持つ国土を表すと考えられるからである。もちろん、湿地の多い出雲郡でもない。したがって、「根堅州国」は本土にあるとすべきである。素戔嗚尊が最終的到ったのが熊成峯〈くまなりのたけ〉であり、そこから「根国」に就いている（一書第五）。『出雲國風土記』では熊成峯は意宇郡の熊野山（現在の松江市八雲町南境の天狗山）としている（「熊野山郡家正南一十八里　有檜　檀也　所謂熊野大神之社坐」）。熊野大社の祭神は「伊邪那伎日真名子　加夫呂伎熊野大神　櫛御気野命」〈いざなぎのひまなご、くまののおおかみ、くしみけぬのみこと〉（父神である伊邪那伎命がかわいがった御子、熊野の地の神聖なる神、素戔嗚尊）（熊野大社Web）である。つまり素戔嗚尊が鎮座している。また、根国（根堅州国）は、伊弉冉命の「黄泉国」でもある。したがって、近隣に黄泉国への出入り口があると伝わる黄泉比良坂〈よもつひらさか〉が在る島根県松江市東出雲町揖屋あたりが、根国（根堅州国）とできるのではないか。同地のどこかに、娘の須勢理毘売と暮らし、大穴牟遅神（後の大國主命）が訪れた「素戔嗚尊の宮」が在ったのだろうか？　また、三世紀前後に島根県で流行した四隅突出墳丘墓に素戔嗚尊は葬られたのであろうか？　今は、長い時間の経過の中で歴史の闇に消えてしまったとしたい。ただし、『出雲國風土記』は、須勢理毘売と同神とされる和加須世理比売命は、神門郡滑狭〈なめさ〉郷に棲んでいたとする。

そうなると、根堅州国が妣国であり黄泉国ということであるから、島根県松江市東出雲町揖屋あたりに、黄泉国があったのか？　つぎに黄泉国について論考してみよう。

神生みの最後に生んだ火の神である軻遇突智〈かぐつち〉に陰部を灼かれて死んだ伊邪那美命が恋しくて忘れられない伊邪那岐命が黄泉国を訪問して、膿がわき蛆がたかる伊邪那美命の遺体を目撃する。黄泉の国に入るには、宇都志国（顕国＝現国　うつしくに）つまり現世との間には黄泉路を塞ぐ大石があり、黄泉比良坂〈よもつひらさか〉を通してのみ往来できるとされている。黄泉国とはそういうところであるのだ。この黄泉国の設定は、通説が示すように、古墳時代後半（六世紀〜）の横穴式石室を表すとできる。なぜならば、古墳時代前期に流行した竪穴式石室では、遺体は木棺に納められ、それを割石で密閉する。なお、木棺を粘土で密閉したものは粘土槨という。これら竪穴式石室も粘土槨も、中の遺骸がミイラ化しようが、腐敗して消滅しようが、その様子を目撃することはない。他方、横穴式石室は扉のついた出入り口をもち、死者の部屋、つまり玄室に現世の人間が立ち入ることができる（図3－3）。当然、死体の変化を目撃することになる（森浩一　前掲）。それに、横穴式石室は扉のついた出入り口をもつので、玄室は密封状態になる。動物の腐乱死体は四〇〇種類以上の揮発性有機ガスを発生する。当然、炎色はそれぞれに異なる。黄泉国の伊邪那美命の死体の上に現れた八色の雷光（大雷、火雷、黒雷、拆雷、若雷、土雷、鳴雷、伏雷）は、伊邪那岐命がともした火から引火して発火した種々の揮発性有機ガスの炎であるとできる。火を持った人物が動き回れば、ガスも動き、炎はついてまわる。この様子を、伊邪那岐命を襲う豫母都志許売〈よもつしこめ〉として脚色したのである。伊邪那岐命は恐怖のあまり失禁しながら石室の入り口に逃れ、剣を後ろ手に振りながら羨道を通って外に出て、磐石で入り口を塞ぐのであった。

このように古墳の横穴式石室に入って遺骸あるいは遺骨の処置をした人物の体験談話をもとにして、黄泉国が脚色され、記紀神話に物語られたとできよう。玄室に置かれた腐乱遺骸が発生する多種の揮発性有機ガスの炎色を、八色の雷光と表現したことは、上古より我が日本民族は科学的観察が鋭かったことを示している〈自然科学系ノーベル賞を多数受賞できる素質をこのころから持っていたのである〉。

それに、黄泉比良坂〈よもつひらさか〉であるが、横穴式古墳の羨道にいたる通路

図 3-3 横穴式古墳の羨道をもつ玄室

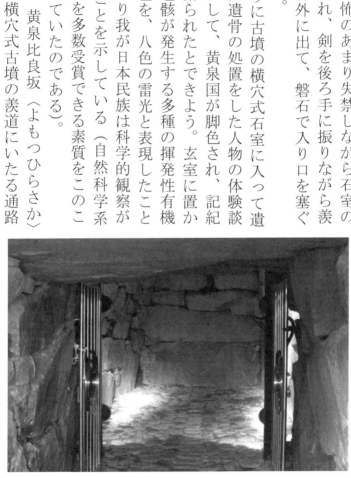

と捉えることが出来るが、『日本書紀』は、「泉津平坂といふは、復別に処所有らじ、但死〈まか〉るに臨みて気絶ゆる際、是を謂ふか。」と解説する。つまり、泉津平坂〈よもつひらさか〉は実在するのではなく、「息絶える際」すなわち「臨終」のことことする。現代仏教のことばをかりるならば「三途の川を渡る」ということである。古代日本人は、「臨終」の砌、泉津平坂を通ると覚えたのであろう。臨死体験にもとづく解説ともとれる。古代日本人は、人の死も科学的に観察していたのである。

おわりに

以上、長々と述べたが、「天地の初め」にしても「国生み・神生み」神話そして「黄泉国」説話のいずれも、後世の奈良時代に『記・紀』を編纂した京の舎人の知識に基づいて記述されたと結論できるのである。したがって、記紀神話では伝承を物語のバックボーンにおいているが、記述には京の舎人の視点や知識が加わっていると理解すべきであるのだ。

前述したように、出雲に降った素戔嗚尊は八岐大蛇を退治した後、根国（根堅州国）（現在の島根県松江市東出雲町揖屋あたり）に就いた。その事実に基づき、京の舎人は、三貴子化生神話を編集するなかで、「素戔嗚尊が根国に行きたい、妣国に行きたいと泣いた」と著したのである。そして、妣〈なきはは〉は伊弉冉命であることから、結果として黄泉国（死者の国）が同地に設定されることになった。したがって、東出雲町揖屋あたりに黄泉国など実在するわけがない。後世の付会である（松江市東出雲支所地域振興課の方々、ごめんなさい）。また、伊弉冉命のモデルになった女性も実在しない。黄泉国は、横穴式古墳の時代の墓守の体験談に基づく架空の空間であるからだ。逆にいえば、深い横穴が存在すれば、黄泉国は日本中どこにでも設定できるといえよう。

この時間軸を正しく理解していないと、これから論考する若き大國主命が、「ドラえもんのどこでもドア」を通るがごとく、出雲国と紀伊国（和歌山県）を瞬間移動して行き来するというとんでもない解釈（『古事記』上　全訳注　次田信幸　講談社学術文庫）が生まれることになる。

『古事記』、『日本書紀』、『先代旧事本紀』および『古語拾遺』など、全般にわたって言えることであるが、事績、事件は往時の事であっても、それを行った人物の尊称は、後世の奈良時代に『記・紀』を編纂した京の舎人の知識に基づいて記述されたと理解すべきであるのだ。

例えば、これから解き明かしていく神武東征についても、神武天皇紀は、「其年冬十月丁巳朔辛酉（神日本磐余彦）天皇親師諸皇子舟師東征」と、「神武東征」の端緒を著す。往時、磐余彦尊の東征が成功するかどうかもわからず、ましてや、磐余彦尊が大和朝廷を建てて天皇と称されることとなることも全く未知であった。しかし、神武天皇紀は、神日本磐余彦天皇およびその御子を「皇子」と記す。このように「天皇」と「皇子」の尊称は、『日本書紀』を編纂した京の舎人の知識に基づいていることは確かである。

事績のあった時代と『記・紀』の編纂の時代との間に横たわる時間軸をきちんと理解しないと、記紀神話を正しく解き明かすことはできないといえよう。

参考文献

『三国志』魏書倭人伝　日中韓・三国通史　堀貞雄　Web
『魏志』倭人伝　全文　デジタル邪馬台国　Web
「魏志倭人伝をそのまま読む」
　http://himiko-y.com/scrp3/wajinden.htm
『魏志』韓伝　日中韓・三国通史　堀貞雄　Web
『晋書』倭国伝　日中韓・三国通史　堀貞雄　Web
『梁書』倭国伝　日中韓・三国通史　堀貞雄　Web
　＊堀貞雄氏のホームページは閉鎖している。閉鎖前にセーブしたものを利用。
『通典』邊防東夷上・倭國　漢籍の書棚 ALEX の書斎　Web
『古事記』上、中　全訳注　次田真幸　講談社学術文庫　2009 年
『古事記』原文　藤田隆一　Web
現代語訳『古事記』福永武彦　河出文庫　2013 年
『日本書紀』原文　藤田隆一　Web
『日本書紀』一、二、坂本太郎ら　校注　岩波文庫　2012 年

『日本書紀』上　全現代語訳　宇治谷孟　講談社学術文庫 2014年
現代語訳『出雲國風土記』ハンドルネーム matapon　Web
現代語訳『先代旧事本紀』ハンドルネーム大田別稲吉　Web
『古語拾遺』資料篇（原文・書き下し文）Web
『日本神話の考古学』森浩一　朝日新聞社 1993年
『最新邪馬台国論争』安本美典　産能大学出版部 1997年
平成28年度特別展『古代の出雲』斎宮歴史博物館 2016年
『日向国の神々の聖蹟巡礼』宮﨑照雄　スピリチュアルひむか観光協会協議会 2017年

後記

私は、停年退職を機に、若い頃から興味のあった日本の古代史を研究することにしました。日本や華夏王朝の古代史は大好きで、著名な学者、文筆家、アマチュアの著作物を多数読んできました。いまさらながらわかったことは、日本の古代史の研究は主に文系の歴史学者や考古学者、文筆家が行ってきたことです。

文系の論文では、例えば、命題Xを論考するとき、先学の研究に立脚した論考をするのです。次のように、

「A氏の論文はこう述べた。B氏の論文はこう述べた。C氏のはこうとも述べた。D氏の論文・・、E氏の論文・・・・。以上、先学は論文でおおむねZの事を述べている。したがって、命題Xは、Zという結論になる。」

あるいは、一人の学者のいくつかの研究論文を取りあげ、「A、B、C、Dとあることから、命題Xの結論はZと導かれる。」とします。

また、先行論文の裏付けがない主張は、主観みなされ、文系論文では御法度なようです。

私は、約四〇年間、理系の学者として多数の研究論文を国際学術誌に掲載して

きました。国際学術誌には、複数の査読者（レフリー）がいて、投稿論文を厳しく審査します。したがって、我々理系の学者が、文系学者ように先学の論文に準拠するような論文を作成して、国際学術誌に投稿すれば、「受理」されず、「この論文にはオリジナリティが欠如している」とのコメントがついて、必ず返却されます。先に紹介した形式の文系の論文はレビューであって原著論文にはなりません。理系ノーベル賞の対象になるのは、全てがオリジナルの研究であることからもわかるように、理系の研究は独創性が重要なのです。先学の追認ではダメなのです。「二番目ではダメ」なのです。勿論、研究過程で多数の先学の論文を読むが、その目的は自分の研究対象を先学が既に研究しているか否かを確認するためでもあるのです。

理系の私は、歴史を作ったのは「人の情念」であると信じていますので、自説を駆使して「人の息吹が感じられるストーリー」を展開しました。きっと、この本を読まれた読者は、これまで見たことも聞いたこともない緻密な論考を以て解明された「女王卑弥呼の都する邪馬台国」に到ることができたでしょう。

邪馬台国は謎ではない。邪馬台国の位置をいつまでも謎のままにしておいて、それを追い求め続けることが日本人のロマンではない。邪馬台国は、ここにあったのです。邪馬台国追求の旅は本書で終点を迎えたのです。

著者経歴

宮﨑照雄（みざきき　てるお）

1949 年　三重県生まれ

東京大学大学院農学系水産学修士終了

農学博士（東京大学）

三重大学名誉教授

三重県立大学水産学部、三重大学水産学部、三重大学生物資源学部にて魚の病気を教育・研究してきた。

学術論文・著書多数。

古代史著書『三角縁神獣鏡が映す大和王権』梓書院 2010 年

『日向国の神々の聖蹟巡礼』スピリチュアルひむか観光協議会 2017年

論文「神武は鯨を見たか？－神武東征と神武歌謡を考える」『季刊邪馬台国』131 号 2016 年

女王卑弥呼が都した邪馬台国に到る

発行日　2019年 4月25日
著　者　宮﨑照雄
発行所　三重大学出版会
〒514－8507　津市栗真町屋町1577
三重大学総合研究棟Ⅱ―３０４号
Tel.Fax　059-232-1356
会　長　内田淳正
印刷所　モリモト印刷
東京都新宿区東五軒町3-19

ISBN 978-4-903866-51-2　C3021